훅스 & 에벨링
−해석학의 역사와 새로운 해석학

E. Fuchs & G. Ebeling
- A History of Hermeneutics & The New Hermeneutic

현대 신학자 평전 10

훅스 & 에벨링
— 해석학의 역사와 새로운 해석학

소기천 지음

살림

# 머리말

에벨링(G. Ebeling)이 언급한 것처럼, 인간은 학문을 하는 주체이면서 동시에 학문이 추구하는 대상이기도 하다. 따라서 해석학은 학문의 주체인 '인간(*homo sapiens*)'을 고찰할 뿐만 아니라 인간에 의해 규명된 학문세계에 대한 이해를 함께 연구해야 한다.

현대 신학에 있어서 해석학에 대한 관심과 연구는 조직신학뿐만 아니라 성서신학에서도 갈수록 높아져 가고 있다. 기독교 교육학에서도 해석 학적 원리를 교육이론에 적용하여 교육철학을 체계화하는 작업을 빈번하게 수행하고 있다. 이러한 관심과 연구에 비례하여, 해석학이 논의되면서부터 사실상 신학이 이전보다 더 어려워졌다는 불평들도 늘어가고 있다. 그러나 해석학을 통해서 신학을 하는 것이 힘들다고 해서 해석학을 포기할 수는 없는 일이다.

훅스(E. Fuchs)의 말대로, 우리가 하나님의 손에 있다고 말하는 것만으로는 그것이 무슨 뜻인지 알 수 없다. 도리어 그 말을 풀이하여 그 손이 '펴진 손'인지 '주먹을 쥔 손'인지를 밝힐 때에만 그 말뜻을 비로소 알게 되기 때문이다. 흔히 성서를 문자 그대로 이해해야 한다고 말을 하지만, 성서가 무슨 말을 하는지 밝히지 않고서는 성서를 이해할 수 없다. 여기에 바로 성서 해석학의 과제가 있다.

해석학적 방법론의 도움을 받는다면 우리는 성서 언어를 보다 더 잘 이해할 수 있게 될 것이다. 오토(H. Otto)가 말한 것처럼, 대체로 신학의 본질은 '해석학적'이다. 물론 일반적으로 정의되는 '이해의 기술' 혹은 '이해에 대한 일반적 이론'으로서의 해석학과는 다르지만, 그는 여전히 신학은 해석학이라고 하였다. 이 말은 이미 신학 안에 어떤 특별한 내용의 이해에 대한 숙고가 있고, 또한 그것을 이해하려는 노력이 있다는 뜻이다.

신학은 필연적으로 일반 해석학의 방법론에 의해 이룩된 원리들과 관련될 수밖에 없다. 그런데 일반 해석학의 원리들은 철학에 기인하고 있으므로, 철학자들의 결정체라고 말할 수 있으며, 신학자들은 자연히 철학적 해석학의 원리들과 관련을 맺게 된다. 어떤 신학자들은 철학적 해석학의 원리들을 습득한 후에, 그것을 아예 신학적 해석학의 원리들로 바꾸어서 독자적 해석학의 원리들을 수립하려고도 한다. 따라서 그 출발점에 있어 신학자는 철학적 개념의 도움을 불신하거나 배척할 이유가 없다. 철학적 개념에 대한 불신과 배척은 신학적 사유와 언어의 정확성과 이해 가능성을 필연적으로 방해할 것이기 때문이다. 그래서 에벨링은 말하기를, 철학에 대한 신학의 관심은 신학에 대한 철학의 관심보다 일반적으로 절박하며 분명한 것이라고 하였다. 이는 신학을 위하여 철학의 도움이 필요조건임을 역설하는 것이다.

본 도서는 신학과 철학의 대화로 말미암아 철학적 해석학의 원리들이 신학적 해석학의 형성에 있어 중대한 영향을 주었다는 사실, 특히 새로운 해석학에 결정적인 영향을 주었다는 사실을 전제하고 있다.

본 책의 목적은, 새로운 해석학이 철학적 해석학을 기반으로 이룩한 이해의 문제에 기초하고 있으며, 불트만에 의해 수립된 인간 실존에 대한 신학적 이해를 기점으로 하여, 후기 하이데거 사상에 의해 수행된 언어와 존재에 대한 탐구를 통해서 '언어 사건' 혹은 '말 사건'이라고 일컬어지는 독특한 해석학적 체계를 구축하게 된 과정을 연구하는 데 있다. 또한 새로운 해석학이 그 특징으로 간직하고 있는 바, 곧 언어에 관한 새로운 이해와 최종적 귀착지인 비유를 통한 '신앙의 텍스트로서의 예수'에 관한 해석학적 이해를 연구하고자 한다.

이러한 연구는 슐라이어마허, 딜타이, 하이데거의 해석학적 원리들과 불트만의 실존론적 해석 그리고 후기 하이데거 사상에 있어서의 언어와 존재에 대한 이해를 소개하는 것뿐만 아니라, 각각의 장단점에 관한 평가와 비평을 가능하게 하고, 또한 새로운 해석학이 가능하도록 그 배후에서 일익을 담당한 다양한 해석학을 고찰함으로써 새로운 해석학에 대한 이해를 보다 더 분명하게 해준다는 점에서 그 의의가 크다고 말할 수 있다.

본 도서는 해석학적 문제의 보편성에 관한 논의로부터 시작하고자 한다. 다시 말하자면 정신과학 분야의 해석학은 매우 오랜 역사를 가지고 있기 때문에 오늘날 거의 모든 정신과학 분야에서 해석학적 문제는 보편적 원리가 되고 있다. 그러므로 본 도서는 '해석학이란 무엇인가?'라는 기본적인 질문을 거론하면서, 그 어원과 의미, 그리고 이해의 문제와 관련된 내용들에 대해서 논술한다.

해석학은 슐라이어마허에 의해서 비로소 고전적이고 전통적인 해석에서 탈피하여 현대의 철학적 해석학에로 발돋움하게 된다. 슐라이어마허의 '문법적 해석'과 '심리적 해석'은 우리의 흥미를 불러일으키기에 충분하다. 그의 뒤를 이어서 딜타이는 '체험-표현-이해'라고 하는 해석학적 순환논리에 입각하여 '정신과학의 근본원리로서의 해석'을 수립하였고, 하이데거는 해석학적 이해를 현존재의 존재양식에서 이끌어내는 작업을 통하여 존재론적 해석학을 수립하였다.

논의가 계속됨에 따라 본 도서는 새로운 해석학의 직접적인 배경이 되는 불트만의 실존론적 해석학과 후기 하이데거 사상에 대하여 논술한다. 불트만은 신약성서와 해석학의 관계를 긴밀하게 다루면서, 신약성서에 나타난 신화적 언어에 대하여 탈신화화 프로그램을 시도하였으며, 신화적 세계상이 당대의 인간 실존에 대한 이해를 간직하고 있다고 생각한 끝에 실존론적 해석학을 수립하게 된다. 이러한 불트만의 실존론적 해석학은 하이데거의 전기 사상에 입각한 것이며, 현존재에 대한 존재론적 실존론적 분석을 통해서 비본래적 실존 하에 있는 인간을 본래적 실존이 되게끔 결단하도록 촉구하는 데 그 장점이 있다.

그러나 하이데거의 사상은 후기에 이르러 일대 전환기를 맞이하였고, 이것은 새로운 해석학의 출발점을 마련해주는 계기가 된다. 이를테면 불트만이 전기 하이데거의 사상에 기초하여 그의 실존론적 해석학을 수립하였다면, 그의 제자들인 훅스와 에벨링은 후기 하이데거의 사상에 기초하여 그들의 스승이 제기한 실존론적 해석학을 극복하고 존재론적 언어 이해에 입각한 새로운 해석학을 수립했다. 후기 하이데거의 사상에서 두드러지는 특징적 요소는 '그의 사유 자체가 언어에 이르는 길'이라는 점과 '언어가 하나의 표현이나 인간의 행위가 아니라 어디까지나 언어가 말을 한다'고 주장한다는 점이다. 이러한 사상이 훅스나 에벨링의 언어 해석학에 미친 중대한 영향에 대해서는 본론에 보다 구체적으로 설명되어 있다.

지금까지 논의된 모든 해석학적 방법론과 원리들에 의해서 새로운 해석학이 탄생하였지만, 본 도서는 그 중에서도 새로운 해석학에서 중요하게 다루어지고 있는 언어문제에 중점을 두었다. 새로운 해석학에서 언어는 신앙의 언어로서, 즉 신앙의 텍스트로서 파악된다. 따라서 예수야말로 신앙의 언어에 있어서 가장 본질적인 요소가 된다. 새로운 해석학은 예수 사건을 언어 사건으로 이해하며, 언어 사건의 특징들이 비유 속에 모두 포함되어 있다고 간주한다. 그러므로 새로운 해석학의 최종 관심은 비유들에 관한 연구에 있으며, 예수의 말씀으로부터 오늘날 설교자의 말씀으로 옮겨가는 언어의 계속적인 사건을 이해하는 데 있다.

이러한 새로운 해석학에 대하여 본 도서는 몇 가지의 비판을 시도하고자 한다. 그 중에서 가장 핵심적인 비판은 새로운 해석학이 방법론의 배후에 놓여 있는 의미보다 방법론 자체에 더 많은 관심을 기울이고 있음을 지적하는 것이 아닐까 생각한다. 아마도 본 도서가 전개하고 있는 새로운 해석학에 대한 몇 가지 비판은 좋은 시도가 될 것이라고 믿는다.

끝으로 필자가 이 연구를 하는 데 있어 도움을 주신 고마운 분들이 많다. 특히 이 연구의 출발 단계에서부터 지금까지 필자를 사랑으로 이끌어 주시는 한숭홍 교수님께 깊은 감사를 드린다. 본 도서는 한 교수님의 지도로 20여 년 전에 저술한 「성서 언어의 해석학적 이해」라는 논문에서 비롯되었는데, 자세한 참고자료와 각주는 지면 관계상 이 책에서 생략하고자 하며, 그 결과로 본 도서를 편저로 함이 올바르다고 본다. 또한 교역대학원에 재학하던 시절에 필자의 신약성서 해석학 과목을 들으면서 부족한 초고를 정리해 준 조광희 목사님과 신약학 박사과정 중에도 내용을 일일이 교정해 준 이전 조교 윤효심 전도사님과 혹스와 에벨링의 독일어 참고문헌을 정리하느라 수고한 이전 조교 김혜성 전도사님에게 감사를 드린다. 또한 본 도서를 위해 독일로부터 참고문헌을 구해주신 배재욱 교수님께 감사를 드린다. 마지막으로 〈현대 신학자 평전〉을 위해 기꺼이 기금을 만들어 여기까지 이르게 한 심만수 대표이사님과 책임 편집을 위해서 땀 흘린 살림출판사의 김대섭 선생님에게 감사를 드린다.

이 작은 책이 앞으로 하나님의 말씀인 신약성서를 사랑하면서 열심을 내어 영감에 넘치는 생생한 성서의 언어를 읽고,

거기서 깨달은 진리의 말씀을 이웃에게 실천하고자 힘쓰는 모든 분들에게 부족하나마 도움이 되기를 간절히 바란다.

2006. 4. 24.
봄 향기 그윽한 광나루 언덕에서 소기천

# 차 례

머리말　4

1. 훅스와 에벨링의 생애　14
   훅스 | 에벨링 | 훅스와 에벨링의 새로운 해석학

2. 해석학적 문제의 보편성　27
   학문의 방법론과 해석학 | 해석학의 어원과 그 의미 | 해석학과 '이해의 문제'

3. 철학적 해석학의 역사　48
   슐라이어마허: 문법적 해석과 심리적 해석 | 딜타이: 정신과학의 근본 원리로서의 해석학 | 하이데거: 존재론적 해석학 | 불트만의 실존론적 해석학 | 후기 하이데거 사상

4. 새로운 해석학이란 무엇인가?　107
   새로운 해석학의 발단 | 언어와 새로운 해석학 | 신앙의 텍스트인 예수

5. **새로운 해석학의 의의**   144
   존재론과 인식론 | 근대 해석학 | 새로운 해석학

6. **새로운 해석학에 대한 비판**   158
   전통적 성서 해석의 원리 | 보편사의 전체성 | 부분적인 성서 해석 | 언어의 성질

**맺음말**   172

- 참고문헌   179

# 1. 훅스와 에벨링의 생애

**훅스**

하일브론에서 출생한 훅스(Ernst Fuchs, 1903~83)는 튀빙겐과 마르부르크, 그리고 본에서 신학을 연구하였고, 1932년에 본에서 신학박사학위를 마쳤다. 뷔르텐베르크의 고백교회에서 1933~55년까지 목회를 했으며, 1978년에는 『설교의 기쁨』이란 설교집을 펴내기도 했다.

법학을 전공하던 훅스는 슐라터의 영향으로 신학에 입문하게 되었다. 그러나 훅스 자신은 슐라터보다는 불트만에게 더 많은 영향을 받았다고 고백한다. 불트만은 당시 떠오르던 바르트의 해석학에 관심을 갖게 되었으나 오래지 않아 역사 비평학에 무심했던 바르트에 대해서 등을 돌렸다. 이런 상황에서 신학계에 하이데거의 해석학이 등장하기 시작하였고 바로 이 무렵에 훅스는 해석학에 입문한다.

마르부르크에서 교수로 활동하는 동안 훅스는 후기 하이데거의 언어 개념을 신학적 해석학에 적용시켰다. 그의 해석학은 다음 두 가지의 특징을 갖고 있다. 첫째, 성서 본문은 분석에 필요한 어떠한 학문적인 노력에 앞서 이미 그 자신의 말씀을 가지고 있으며, 또 비판적으로 말하기도 한다는 것이다. 그는 본문이 무엇을 말해야 했는지에 대한 질문을 던지기에 앞서 본문 자체가 말을 해준다는 것, 즉 본문이 삶을 변화시키기에 오늘날에도 우리에게 여전히 말을 해준다는 현상을 알아야 한다고 말한다. 둘째로, 훅스는 역사·분석적인 탐구를 위하여 본문 자체가 생겨났던 장소, 그 본문이 논증하고 위로하며 실행하고자 했던, 어떤 증언의 말씀으로 생겨났던 그곳으로 돌아가야 한다고 주장한다. 학자들은 이를 '해석학적 상환', 곧 상환요청이라고 부른다.

훅스는 말하기를 성서의 본문은 하나님의 음성이 들렸던 그곳에서 생겨났다. 왜냐하면 하나님의 말씀이 인간을 통해서 계속 말해지기를 원했기 때문이다. 따라서 본문으로부터 인간에게 향하는 하나님의 음성이야말로 새로운 해석학이 관심을 기울이는 초점이다. 해석자는 질문 속으로 들어가서 자기의 수단을 가지고 그 질문을 마무리 지어야 하며, 이로써 설교는 성서 본문에 봉사하게 된다. 훅스는 성서의 언어가 우리를 향해서 스스로 말을 걸어오기 때문에, 그 언어는 단순한 말이 아니라 언어 사건이 된다고 주장한다.

'언어 사건' 혹은 '말 사건'은 새로운 해석학을 대표하는 말로 사용되는 개념이다. 여기서 훅스가 제안하는 해석 원리는 '사랑'이다. 하나님의 역사는 말씀으로 말미암아 발생하였고, 그 안에서 객관화되었는데, 그 말씀이 곧 예수이다. 따라서 그 언어야말로 사랑의 언어이며 신앙의 언어이다. 이와 관련하여 훅스는 예수가 상호이해(das Einverständnis)에 의해 드러난다고 주장한다. 여기서 '상호이해'라고 하는 개념은 훅스 사상의 중심을 이루는 부분이다. 이는 '공통된 이해'라고도 불리는데 훅스는 이를 '가정'이라는 테두리에서 설명한다. 한 집에 사는 가족 구성원들은 전제, 태도, 경험 등에 있어 공통의 세계를 가지고 있다. 따라서 동일한 언어를 공유한다. 의사소통이 공통된 이해의 기반 위에서 작용하고 있기 때문에 한 마디의 말이나 몸짓도 일련의 흐름 속에서 이해할 수 있는 것이다. 이는 어린 아기가 자연스럽게 어머니로부터 언어를 체득하는 것과 같은 원리이다. 훅스는 그의 『해석학 *Hermeneutic*』 제4판의 서문에서 "모든 이해는 상호이해에 기초하고 있다"고 말할 만큼 이 개념을 중시하였다. 훅스는 성서 말씀을 사랑하는 분의 언어로 상호이해하게 될 때, 비로소 참된 텍스트 이해가 가능하고 텍스트와 자기 자신의 올바른 관계에 이른다고 했다.

한편, 새로운 해석학은 서양 학문에 의해 본래의 언어가 오염되었다고 주장한다(이는 원래 하이데거의 주장이었다). 훅스는 이처럼 비본래적인 언어가 지배하는 세상 속에서도 새로운 언어가 창조되고 있는데, 이는 오직 하나님의 말씀으로만 가능하다고 주장한다. 훅스는 하이데거의 이론에 따라 언어를 지식전달의 수단 그 이상으로 본다. 하나님의 말씀은 자신을 계시하시기 위한 하나의 방편이기에 하나님과 말씀과 행위는 하나로 이해될 수 있다. 예수는 하나님의 말씀을 선포하는 자로서 그의 사역을 통해 계시와 말씀의 일치가 이루어졌으며, 결과적으로 예수의 말씀 가운데 하나님이 계시된다. 이러한 언어 사건을 통하여 청중은 예수의 세계에 참여하게 되고 하나님과 세계에 대한 새로운 이해를 가지게 된다. 따라서 예수와 청중과의 공통적인 이해를 기반으로 하는 언어 사건이 신앙의 본질이 되는 것이다. 다시 말하면 신약성서는 우리의 언어를 회복시켜준다. 신약성서는 그 자체가 해석학의 교과서이며, 신앙의 해석학, 즉 신앙의 언어를 가르치는 장이다. 그리고 우리로 하여금 이 언어를 사용하도록 격려한다. 하나님 말씀에 대한 이론, 즉 신앙의 언어론은 신약성서에 나타난 언어를 통해서 존재를 파악하는 데 그 특징이 있다. 새로운 해석학은 언어를 하나의 표상이나 의미로 이해하는 것이 아니라 신앙의 언어로 파악하며, 하나님 말씀에 대해 질문할 수 있는 지평으로 이해한다. 무엇보다도 훅스는 예수 사랑의 언어 속에서 본래적인 언어를 발견한다.

훅스가 신약성서를 오늘날 우리들을 향한 하나님의 말씀 사건이라고 이해하는 데 있어 빼놓을 수 없는 것은 말씀 사건이 객관화된 장, 즉 실천의 장에서 발현되는 과정이라는 점이다. 훅스는 해석의 규범을 설교라고 말한다. 텍스트는 하나님의 말씀이 선포될 때 해석되며, 우리는 자신에게 텍스트가 말하도록 허용해야 하며 텍스트가 우리를 이끌고 가는 곳으로 텍스트와 함께 가도록 허락해야 한다. 이것은 일상적인 삶의 장인데, 텍스트와 일상적인 삶과의 상호작용 안에서 해석자는 신약성서의 진리를 경험하게 된다.

훅스는 하이데거의 언어 개념을 전유해서 참된 언어를 존재론적으로 하나님의 말씀과 동일시한다. 그래서 하나님의 말씀인 성서 본문은 인간 실존을 위해 해석되어야 한다. 성서가 지닌 실존적인 의미는 우리의 실존을 드러내는 데 있다. 그러므로 훅스는 신약성서를 읽을 때마다, 그 가르침이 우리 일상의 경험 속에 견고히 뿌리내려야 한다고 주장하고 있다.

## 에벨링

베를린에서 출생한 에벨링(Gerhard Ebeling, 1912~2002)은

마르부르크, 취리히 그리고 베를린에서 불트만(R. Bultmann)과 폰 조덴(Hans von Soden)과 브룬너(E. Brunner)에게서 신학을, 크뤼거(G. Krüger)와 그리체바하(E. Griecebach), 그리고 하르트만(N. Hartmann)에게서 철학을 공부했다. 에벨링은 대학수업의 첫 학기에 당대의 거장인 불트만의 강의를 듣게 되면서 신학에 대한 강한 인상을 받게 된다. 그는 튀빙겐과 취리히에서 교수로 재직하였으며, 1962년 이후에는 취리히에서 해석학 연구소의 책임을 맡아 운영하면서 새로운 해석학의 기틀을 마련하기도 했다.

에벨링은 역사신학과 조직신학을 포괄하는 보편적인 방향을 정립하는 데 큰 도움을 주었다. 이러한 그의 학문적인 업적은 그의 저서들인 『기독교 신앙의 본질』(1959), 『신학연구-백과사전식 안내』(1975), 『말씀과 신앙 1-3』(1975), 『기독교신앙의 교의학』(1979)에 잘 나타나 있다. 이 저서들에서 에벨링은 기독교 신앙을 전체성에서 파악하고 있으며, 신학을 신앙을 돕는 것으로 보는 통일성의 관점에서 보고 있다. 에벨링은 불트만의 제자이지만 자신을 기독교적 실존주의자로 부르는 것에 반대한다. 에벨링은 고가르텐(F. Gogarten)보다도 불트만에 대해 더 비판적이며, 불트만과 바르트 사이의 대립을 해석학적인 신학을 통해 극복하려고 한다.

루터에 대한 사상적인 감화를 인정하면서도 에벨링은 다음의 두 가지 사상적 뿌리를 견지하고 있다. 하나는 루터와 슐라이어마허와 헤르만(W. Herrmann)에서 발견되는 개신교적 전통이며, 다른 하나는 17~8세기에 일어난 역사-비판적 방법론이다.

이러한 사상적 배경 가운데서 그의 해석학적 입장에 결정적으로 영향을 준 학자는 하이데거(M. Heidegger)이다. 철학적으로 후기 하이데거의 언어철학에 영향을 받아 언어에 대한 철학적 이해를 하나님 말씀에 대한 종교 개혁적 이해와 결합시키려는 신학적 시도, 바르트와 불트만 이후에 에벨링이 훅스와 함께 전개시킨 이러한 해석학의 방향을 '새로운 해석학'이라고 하며, 다른 한편으로 그의 신학을 해석학적 신학이라고 칭하기도 한다.

김재진에 의하면, 훅스가 신약성서와 관련해서 해석학적 논의를 전개해 나간 반면에, 에벨링은 주로 교회사를 중심으로 해석학적 논의를 전개해 나갔다. 즉 그는 성서 해석에 있어 전통의 중요성에 관심을 기울였던 것이다. 에벨링에 따르면, 성서 해석은 단순히 해석자를 한 쪽에 두고 성서 본문을 다른 한 쪽에 두는 식으로 이루어지는 작업이 아니라, 현재에 영향을 미치는 기독교 역사, 즉 교회사 전체와의 연관성 속에서 다루어져야 한다. 교회사는 성서 해석의 역사이며, 해석은 새로운 역사적 상황, 곧 성서적 신앙 근거에 대한 책임성 속에서 수행되는 것이다. 에벨링은 해석의 범주를 새로운 역사적 정황이 펼쳐질 때마다 그에 대한 성서적 신앙 근거에 대한 살아있는 책임성이라는 의미로 보았다. 에벨링은 종교개혁자들의 신학해석방법, 특히 루터의 해석방법을 성서 본문과 현재의 시간적 간격을 고려하지 않았다며 비판한다. 그러므로 개신교 신학의 해석학적 과제는 계시가 어떻게 오늘날의 우리들과 동시대적인 것이 될 수 있도록 하느냐에 달려있다.

에벨링은 루터의 종교개혁적인 입장에서 성서를 해석하는 것을 원칙으로 한다. 그는 성서 본문과 함께 전승을 중시하고 교회의 해석을 존중했던 로마 가톨릭에 반대하면서 "오직 성서로(sola scriptura)"라는 모토를 중심으로 성서를 해석했던 루터의 입장을 따르고자 한다. 즉 "성서는 그 스스로에 의해서 해석된다(sui ipsius interpres)"는 원칙을 따르고자 한 것이다.

에벨링을 따라간다면, 우리는 본문과 전승의 이해보다 어떻게 하면 말하는 자와 듣는 자 사이, 즉 성서 본문과 그 해석자와 해석의 발신자 사이에 의사소통이 이루어질 수 있는가라는 질문을 하게 된다. 에벨링은 언어를 순전히 도구적인 것으로 보는 견해를 거부한다. 그런 식으로 본다면 언어의 사건적인 성격이 상실되어 버리기 때문이다. 그러므로 언어의 근본적인 본성이 회복되어야 한다. '이해'와 관련되어 가장 먼저 생각해보아야 할 점은 언어에 대한 것이 아니라 "언어를 통하여 이해하는 것"이다. 이는 하나님의 말씀 사건이 언어를 통하여 다가오기 때문에 가능하게 된다. 에벨링에게 있어 존재는 언어를 통해 이해된다. 이해란 단순히 말들에 대한 성찰만을 가리키는 것이 아니라 오히려 말들을 통해서 하나의 사건으로 일어나게 된다. 에벨링은 모든 언어 사건 안에 '하나님'이라는 단어에 의해 지칭되는 깊이의 차원, 즉 실존하는 모든 단어의 근원으로서 감추어진 암묵적인 말씀 사건이 있다고 보았다. 그런데 오늘날의 실존 상황은 더 이상 대중적 인식의 근원이 되지 못하고 있다. 그래서 하나님에 대한 말이 사적인 담론의 영역에서만 일어나며, 오히려 그러한 언어에 참여하지 않는 사람들에게는 언어적으로 문제가 있는 것으로 보일 정도이다.

성서는 이러한 보편적 언어 사건을 증언한다. 그렇다고 성서가 이 사건과 동일시되는 것은 아니다. 성서적 전통에 따라 하나님의 말씀은 끊임없이 스스로를 새롭게 하는 말씀 사건으로, 즉 특별한 관심에 의해 닫힌 영역을 창조하는 것이 아니라 세상을 개방하는 말씀 사건으로 이해되어야 한다. 이러한 점에서 에벨링은 말씀 사건이 닫힌 사건이 아니라 불신자들을 향한 개방성을 가진 선교적인 측면이 있다는 점을 밝힌다. 여기서 말하는 설교에 대한 입장은 단순히 교회 안에 한정된 측면만을 가리키는 것은 아니다.

이러한 점에 착안하여 그가 제안하는 '신학적 언어론'은 눈앞에 있는 본문과 전승에 대한 이해만이 아니라, 성서 본문과 해석자 그리고 해석 전통 사이에서 어떻게 의사소통이 이루어지는가에 관심을 갖는다. 에벨링에 따르면, 말하기와 듣기는 어떤 상태의 보충적인 측면들로서, 말하기는 원칙상 듣도록 정리되어 있고 듣기는 말하기를 위해 정리되어 있다. 언어 과정의 상호보충적인 이 두 측면에 입각해서, 언어는 말하는 자와 듣는 자를 같은 장소에 회집시킨다. 언어의 이해에서는 말하는 자와 듣는 자가 서로 이해하기를 배우며 결국에는 의사소통과 일치에 도달한다. 언어는 하나의 이해를 얻으려고 애쓰는데, 이는 단순히 말하는 자와 듣는 자가 이것과 저것을 서로 나누는 것으로서의 이해가 아니라 부분적인 양해를 통해 전달받아 서로 이해하기를 배우며, 최후에는 의사소통과 일치에 도달하게 되는 것을 말한다.

### 훅스와 에벨링의 새로운 해석학

훅스와 에벨링에 의해 제기된 이러한 새로운 해석학은 성서 본문 자체가 본문을 분석하는 학문·역사적인 노력(Bemühung)에 앞서 고유의 독자적인 말을 가지고 있으며 스스로 말을 하고 있다는 데에 그 출발점이 있다. 그리고 바로 이러한 입장이 그들의 스승인 불트만을 넘어설 수 있는 계기를 마련해 주었다.

사실상 당시 어느 누구보다도 명석하게 해석학의 문제를 파고 들어간 학자가 불트만이었지만, 불트만은 아직 성서 본문이 가진 특성이나, 본문이 쓰인다는 사실에 대해서는 관심이 없었고, 더욱이 성서 본문이 그 스스로 말을 하고 있다고 하는 데까지는 생각이 미치지 못했다. 그러므로 불트만의 해석학은 성서에 대한 역사 비평적 방법과 실존론적 차원에 머무를 수밖에 없었다.

이에 비해 새로운 해석학은 성서 고유의 언어세계를 발견하여 신학적 언어론(theologische Sprachlehre)의 설계를 감행하였다. 특히 언어를 존재 이해의 원천으로 파악한 후기 하이데거의 영향을 받아 언어의 성격을 해석학에 적용시키려 하였다. 그리하여 훅스는 '언어 사건(Sprachereignis)'으로, 에벨링은 '말 사건(Wortgeschehen)'으로 구원 사건(Heilsgeschen)을 정의하기에 이르렀다. 따라서 능동적인 주체자인 해석자가 텍스트를 수동적인 대상으로 해석한다는 입장이 지양되고, 현재적인 경험이 텍스트에 빛을 비추는 것이 아니라 반대로 텍스트가 현재의 경험을 조명하게 되어, 해석자는 예수의 세계에 참여하게 되고 하나님과 세계에 대한 새로운 이해를 가지게 된다.

우리는 역사상에 한 사상가가 등장하기 위해서 얼마나 많은 사람들이 정성을 쏟아야 했는지를 가늠해 볼 수 있다. 새로운 해석학의 발단도 이와 같다고 말할 수 있다. 훅스와 에벨링의 새로운 해석학도 결코 그들만의 독자적인 노력의 결과로 세상에 나온 것이 아니다. 학문은 결코 혼자 존립하지 않는다. 새로운 해석학도 주변의 수많은 학문들의 도움을 받아서 태어났는데, 특히 훅스와 에벨링은 여러 대가들의 학문적인 방법론과 연계하면서 그 독자적인 틀을 형성해 나갔다.

훅스와 에벨링에 의해 주창된 새로운 해석학은 과거의 철학적 해석학과 신학적 해석학을 두루 섭렵하고 그 전통 위에서 존재와 언어에 대한 새로운 이해를 전재시켜 나갔다는 데 큰 의의를 찾을 수 있다. 고전적 해석학은 단순히 문헌을 설명하고 해석하는 규칙이나 기술이라는 차원에 머물러 있었기 때문에, 고정된 문서를 해설하는 역할에만 만족해야 했다. 슐라이어마허에 의해 주창된 해석학이 '이해의 기술'로 간주된 이래로 딜타이를 거쳐 하이데거에 이르면 해석학은 철학적 해석학으로서의 그 위치를 견고히 가지게 되었다.

이렇게 발전되어 온 철학적 해석학을 주축으로, 특히 초기 하이데거 철학의 실존주의를 바탕으로 불트만은 자신의 신학적인 체계를 수립하였다. 이른바 실존론적 해석학이다. 그런데 하이데거는 후기에 이르러 전기사상과는 달리, 존재와 언어에로 관심을 집중시킨다.

  그러므로 새로운 해석학은 슐라이어마허 이후의 철학적 해석학과 불트만의 실존론적 해석학, 그리고 후기 하이데거 사상의 언어와 존재에 관한 이해에 영향을 받아서 자신의 독자적인 체계를 갖추게 된다. 무엇보다도 성서 언어를 해석하고자 하는 일방적인 틀을 깨뜨리고, 오히려 먼저 성서 언어가 선포하는 말을 들어야 한다고 지적한 것이 새로운 해석학이 지니고 있는 큰 장점이라 할 수 있겠다.

# 2. 해석학적 문제의 보편성

플라톤이 해석학(hermeneutike[techne])이란 말을 '해석술(Auslegungskunst)'로 처음 사용한 이래, 해석학은 해석방법에 관한 이론을 의미하는 개념이 되었다. 따라서 이 말은 언어적으로 표현된 것과 문자적으로 서술된 것에 대한 언어학적인 해석과 일차적으로 관계된다. 물론 해석학이 말 자체에 국한된 것은 아니다. 해석학은 철학적으로 뿐만 아니라 신학적으로도 그 근원을 갖고 있는 매우 오래된 정신과학의 방법론 중 하나이며, 특히 18세기 정신과학의 제 영역에 있어 보편적 원리가 되고 있다.

블라이허(J. Bleicher)에 의하면, 가다머(H. G. Gadamer)는 해석학적인 문제의 보편성을 탐구하면서 해석학의 실재적인 힘은 물음이 가능한 것이 무엇인지를 파악해내는 능력이라는 추론을 이끌어 내었다. 그리하여 그는 학문에 대한 경험을 인간 자신의 보편적인 삶의 경험과 접합시키는 일에 성공한다. 그에 의하면, 해석학적인 경험의 본질은 외부의 그 무엇에 허용하는 것이 아니라 오히려 그 무엇에 사로잡혀 있으며, 바로 그 무엇에 의하여 새로운 것, 서로 다른 것, 진실한 것을 향해서 개발되는 것이다. 보편적인 것을 향한 해석학적 물음은 세계 내 존재(being-in-the-world), 즉 인간의 근본적인 작용 양식인 동시에 세계 구성의 포괄적인 형식인 언어와 더불어 끊임없이 제기된다. 그러므로 해석학적인 의식은 언어적인 범주 안에서 그 기능을 완수한다.

## 학문의 방법론과 해석학

동물과 달리 인간은 '생각하는 갈대'로서 눈에 보이는 세계와 보이지 않는 세계를 지각하려고 노력하여 왔다. 더 나아가 인간은 이미 지각한 것을 정리하여 어떠한 체계를 구축하려고 시도하였으며, 결국 그러한 노력과 시도의 결과로 학문을 소유하게 되었다. 이처럼 인간의 지각은 발달하였고, 그로 인해 너무나도 다양하고 복잡한 학문의 분야들이 생겨나게 되었다. 이러한 상황 속에서 사람들은 어떠한 것을 학문이라고 이름을 지을 수 있을지를 새삼스럽게 묻게 되었다. 따라서 학문을 재정비하려는 시도들이 나타나게 되었는데, 독일을 중심으로 한

'지식학(Wissenschaftstheorie)' ─ 학문들에 대한 학문 ─ 은 그 좋은 예로서 일종의 '초학문(metascience)'을 시도하고 있다.

이렇게 학문 자체를 문제 삼은 것 외에도 학문에 대한 방법론이 두드러진 문제로 대두되었다. 학문을 규명하고 정립하는 데 있어 방법론은 기초 작업인 동시에 근본적인 문제가 되기 때문이다. 그러므로 '우리가 어느 영역의 학문을 정복하고 더 나아가 공헌할 것인가?'하는 질문을 던지는 것은 학문의 방법론을 수집하는 데 중요하다.

이렇게 탄생한 수많은 방법론 가운데 우리의 관심을 모으고 있는 것이 해석학적인 방법론이다. 이는 현대 철학에서 매우 중요한 흐름을 형성하고 있는 해석학을 바탕으로 하여 형성된 방법론이다. 해석학적 방법론은 철학의 영역에만 국한되는 것이 아니라, 신학과 문학, 법률학 심지어는 심리학에 이르기까지 여러 학문분야에 있어 근본적인 방법론으로 받아들여지고 있다. 다시 말해서 해석학적 방법론은 오늘날 정신과학의 분야에서 대단히 중요한 구실을 하고 있는 것이다. 그러면 다양한 분야에서 요청되고 있는 학문 방법론인 해석학적 방법론을 간단히 살펴보기로 하자.

해석이란 '의미를 담고 있는 형식(Sinnhaltige Form)'을 이해하는 것이다. 여기서 우리는 해석되어야 할, 그리하여 이해되어야 할 '의미를 담고 있는 형식'이란 다양할 수밖에 없음을 알아야 한다. 그러나 의미를 담고 있는 형식이 아무리 다양하고 복잡한 것이라 할지라도, 해석학적 방법론이 문제시하는 '해석'의 기본 형태는 다음과 같이 정리할 수 있다.

무엇보다도 먼저 여기에서 말하는 '해석'은 이해를 목적으로 하며 이해로 귀착되는 과정이라고 특징지을 수 있다. 즉 해석한다는 것은 ― 그 과제에 비추어 보면 ― 어떤 것을 이해로 데려가는 것을 말한다. 이러한 추론에 의해서 우리는 구체적인 상황 속에 살고 있으면서 생각하는 '해석자'와, 어떤 대상이 의미를 갖도록 그 대상에 의미를 부여한 '장본인'이 있음을 알게 된다. 이들 해석자와 장본인은 직접적으로 접촉하지는 않을지라도 어떤 '의미를 담고 있는 형식'을 통해서 간접적으로 접촉하게 된다. 다시 말해 해석자와 장본인 사이에서 '의미를 담고 있는 형식'이 매개작용을 함으로써 해석의 기본 형태를 이루고 있다. 이는 해석 과정에서 드러나는 주체와 대상, 즉 해석자와 '의미를 담고 있는 형식'이라는 기본 형태와 다를 바가 없다. 그러나 여기서 일반적인 인식과 다른 독특한 점은 '해석자'가 어떤 일반적인 대상을 다루는 것이 아니라, 그 대상을 마련해 준 '장본인'의 의도를 알아낸다는 데에 있다.

따라서 해석의 목적이며 또한 귀착되는 과정인 '이해'란, 정신의 객관화를 통하여 파악할 수 있는 정신의 의미에 대한 재인식(re-cognition)이자 재구성(re-construction)을 뜻한다. 즉 이해는 그 말을 한 장본인과 그 말을 들으려는 해석자 사이에 다리를 놓는 작업이다. 장본인과 해석자는 같은 대상을 두고 다만 그 길을 달리할 뿐이다. 즉 장본인은 그 대상에 의미를 부여하고, 해석자는 그 의미를 다시 찾아내어 재구성하는 일을 하게 된다. 해석자는 하나의 사고를 그 자신의 것으로 하면서도 이를 자신의 내부에서부터 재구성하고 재창조하도록 요청받는 동시에 이를 객관화시켜야 하는 문제에 봉착하게 된다. 여기에서 우리는 한편으로는 이해의 자발성과 분리할 수 없는 주관적 요소와, 다른 한편으로는 성취되어야 하는 의미의 타자성인 객관성 사이의 갈등을 보게 된다.

바로 이러한 문제를 해결하기 위하여 현대 해석학의 권위자인 베티(E. Betti)는 다음과 같은 해석의 지침들, 즉 해석학적 방법론의 규준들을 제시한다.

첫째, 대상의 해석학적 자율성에 관한 규준(the canon of the hermeneutical autonomy of the object) 또는 해석학 기준의 내재성에 관한 규준(the canon of the immanence of the standards of hermeneutics). 이를 해석학자들은 "의미란 저서 속으로 들어가서 해석할 수 있는 것이 아니라, 저서에서 이끌어 낼 수 있는 것(sensus non est inferendus sed efferendus)"이라고 규정하였다. 즉 결정되어야 할 의미는 자의적으로 의미를 담고 있는 형식에서 추론되지 않고, 오히려 그 형식에서 유래되어 나오는 것이다. 다시 말해 의미를 담고 있는 형식들은 자율적인 것이므로 그 자신의 발전 논리와 자신이 의도한 연관성에 따라서 그 자신의 필연성, 일관성, 확증성 안에서 이해되어야 한다. 그러므로 해석자에게는 장본인이 부여한 의미가 바로 해석의 척도가 된다. 따라서 해석자는 일차적으로 그 의미에 충실해야 한다.

둘째, 해석학적 탐구의 의미 연관성과 전체성에 관한 규준(the canon of totality and of the coherence of meaning of hermeneutical investigations). 우리는 이 규준을 낭만주의 해석학을 확립한 슐라이어마허(F. Schleiermacher)에게서 볼 수 있다. 그는 한 작품의 개별적인 요소들과 전체의 통일성 사이에 나타난 해석학적 상호관계를 강조하였다. 그에게 있어 상호관계란 어떤 작품이 개별적인 부분들의 총화에서 생겨나는 통일성이나 개개의 부분이 전체에 대해서 획득하는 것을 말한다. 이를 통해 우리는 개별적인 요소들로부터 전체의 의미를 얻어낼 수 있고, 그 개별적인 요소 자체를 하나의 부분으로 포괄하고 있는 철저한 전체와 관련하여 이해할 수 있게 된다. 이 규준은 개별적인 요소들에 내재해 있는 상호관계와 관계성을 조명해준다. 또한 그 개별적인 요소들이 하나의 부분으로서 구성하고 있는 전체와 그 요소들의 상호관계도 조명해 준다. 전체와 그 부분들, 그리고 그 반대의 관계에서 의미를 담고 있는 형식들을 서로 밝혀주며 해명해 주도록 하는 것은 요소들의 상호관계 및 공통적인 전체에 대한 관계이다. 게다가 부분과 전체의 상호해명이라는 원리에서 보면 말과 글로 쓰인 작품들은 모두 다 의미 연관 속에 놓여 있는 자기의 위치를 통해서만 충분히 이해될 수 있는 사슬 속의 고리와 같다.

셋째, 이해의 현실성에 관한 규준(the canon of the actuality of understanding). 이 규준에 의하면, 해석자는 창조 과정을 거꾸로 추적해 나가면서 이를 자신의 내부에서 재구성하는 임무를 지게 된다. 이와 함께 타자의 외적인 사고, 과거의 한 부분, 기억된 사건 등을 해석자 자신의 삶의 현실로 다시 번역한다. 다시 말해서 그러한 사고의 재인식과 재구성을 가능하게 해주는 동일한 종류의 종합을 기초로 하여 창조 과정을 변형시킴으로써 해석자의 경험을 토대로 한 지적 지평에서 이를 적용시키고 통합하는 것이다. 따라서 우리가 잊어서는 안 되는 것은, 우리의 정신이 확보한 모든 것은 우리가 우리 자신 안에서 수반하고 있는 우리의 표상들과 개념들의 총체적인 구조에 포섭된다는 사실이다.

넷째, 이해에 있어서의 의미 적합성에 관한 규준(the canon of meaning-adequacy in understanding) 또는 의미의 해석학적 일치에 관한 규준(the canon of the hermeneutical correspondence of meaning). 역사적 해석에 초점을 맞출 때에 이 규준이 더욱

실감나는데, 예를 들어 해석자는 대상으로부터 받은 자극과 자기 자신의 생생한 현실성을 가장 잘 조화시킬 수 있도록 다른 사람과 조화롭게 공명할 수 있는 방식을 사용해야 한다. 그리하여 해석자는 대상이 일깨워준 의미를 마음속으로부터 동감하여 어느 쪽이 주체이고 어느 쪽이 대상인지 구별되지 않는 경지에 도달해야 한다. 이로써 대상에 의미를 부여한 장본인과 그 대상을 통해서 의미를 재발견하고 재구성하는 해석자가 마치 하나인 것처럼 된다. 바로 이것이 '이해하는 것', 곧 '해석하는 것'의 극치이다. 예를 들어 어떤 사람이 새로운 노래를 처음 듣게 될 때에는 낯설게 느껴진다. 그러나 그 노래를 반복해서 듣고 또한 그 노래를 마음속으로부터 동감하게 되면, 그 노래는 마치 자기 자신의 노래처럼 되어 버린다.

지금까지 우리는 학문의 방법론 가운데 하나로서 해석학적 방법론에 대해 살펴보았다. 그러나 해석학적 방법론이 유일하다거나 우월한 것은 아니다. 특히 정신과학에서는 한 가지 방법만을 고집할 수 없다고 생각하기에 우리는 해석학적 방법론에 대한 비판적 입장 또한 가지고 있어야 하겠다.

### 해석학의 어원과 그 의미

'해석학(Hermeneutics)'이란 단어의 어근은 그리스어 동사

'헤르메뉴에인(ἑρμηνεύειν)'에서 연유하는데, 그 동사는 일반적으로 '해석하다'로 번역되며 명사형인 '헤르메네이아(ἑρμηνεία)'는 '해석'이라는 뜻으로 사용된다. 헤르메네이아라는 단어는 아주 넓게 사용되고 있으므로 '텍스트를 분명한 것으로 만드는 어떠한 행위'라고 말할 수 있다. 이 점에서 우리는 헤르메네이아가 본질적으로 신비하고, 모호하며, 해명을 필요로 하는 신들의 메시지에 적용되었다는 것을 유념해야 한다.

헤르메네이아는 원래 신들의 뜻(will)을 분명히 선포하는 기능을 가진 신들의 사자 또는 대변자의 행위를 함축하고 있었다. 이러한 선포로서의 헤르메네이아는 신의 사자 헤르메스(Hermes)라는 이름에 함축되어 있다. 그는 해석의 매개체로서 언어를 발명하였다고 알려져 있다. 「사도행전」 14장 12절을 보면 루스드라 사람들은 바나바를 제우스(Zeus)라 부르고, 바울을 헤르메스(Hermes)라 부른다. 왜냐하면 바울은 대변자의 우두머리(the chief speaker)였기 때문이다. 「출애굽기」 14장 16절에서도 아론이 모세를 대신하여 말하였기에 필로(Philo)는 아론을 모세의 대변자라고 언급할 수 있었다. 헤르메스는 신들의 메시지를 인간에게 전해준다. 다시 말해 헤르메스는 그 메시지를 말 그대로 공표할 뿐만 아니라, 필요에 따라 신들의 말을 이해하기 쉽고 의미 있는 것으로 바꾸어 놓는 '해석자'로서 행동한다. 이러한 면에서 해석학은 두 가지 과제에 관여한다고 볼 수 있다. 첫 번째 과제는 단어와 문장과 구문의 정확한 의미와 내용을 파악하는 일이며, 두 번째 과제는 그 안에 담겨 있는 교훈을 발견하는 일일 것이다. 여기서 중요한 사실은 헤르메스가 신들의 메시지를 인간에게 전달할 때에 언어를 매개로 한다는 점이다. 그러므로 언어를 통해 신들의 메시지를 대하게 된다. 여기서 우리는 '언어가 해석 자체이지, 해석의 대상은 아니다'라는 사실을 깨닫게 된다. 따라서 헤르메네이아는 '언어의 형식' 또는 '표현'을 의미할 수 있으며, 또한 논리적 형식 또는 예술적 웅변술(오늘날 우리는 이를 '연설'이라 부른다)에 관한 작업을 지칭하는 데에도 사용될 수 있겠다.

전통적 해석학에서는 언어를 해석 자체로 이해하지 않았으나, 새로운 해석학(the new hermeneutic)에 오면 이는 중심적인 문제가 됨과 동시에 새로운 해석학을 구별하는 특징 중 하나가 되었다. 에벨링 또한 해석학을 언어의 문제로 다루었다. 백과사전에 실린 그의 논문은 다음과 같이 시작하고 있다.

> 'ἑρμηνεύω'의 어원적 유래와 이에 파생된 의미는 아직 논의 중에 있으나, 대략 '대화하다', '말하다'라는 어근을 가지고 있는 것으로 알려져 있다. 라틴어로는 'verbum(말)' 또는 'sermo(말하다)'와 연결된다. 'hermeneuein(ἑρμηνεύειν)'

의 접두어 'herme'는 라틴어 'sermo'와 'verbum'와 밀접한 관련이 있다. 그 단어는 세 가지 방향으로 그 의미가 발전되었는데, 즉 말하다(aussagen 혹은 ausdrücken), 설명하다(auslegen 혹은 erklären) 그리고 번역하다(übersetzen dolmetschen)이다.

물론 이러한 어원은 새로운 해석학의 범위를 상징하고 있기 때문에 우리에게 그 해석학적 표상을 열도록 도와준다. 그러므로 이러한 어원은 우리로 하여금 성서 안에 나타난 하나님의 말씀으로부터 하나님께서 새롭게 말씀하시는 선포된 설교에 이르기까지 전 신학적 작업을 언어의 운동으로 받아들이도록 한다.

에벨링은 어떠한 이유로 헤르메뉴에인(ἑρμηνεύειν)을 '해석하다'로 간단하게 표현하지 않고 '말하다', '설명하다', '번역하다' 등의 3가지 의미방향들(Bedeutungsrichtungen)로 사용하였을까? 이는 아래의 팔머(Richard E. Palmer)의 논구를 통해 살펴볼 수 있다.

첫째, '말하다'란 뜻으로서 헤르메뉴에인이다. 이것은 헤르메스의 '고지하는' 기능과 관련이 있다. 헤르메스가 신들과 인간 사이에서 말하는 것도 '해석'의 중요한 행동이 될 수 있다. 말하는 것이 곧 해석 자체이기 때문이다. 이러한 의미에서 해석은 말하는 형식이 된다. 달리 말해서 입으로 말하는 것이나 노래하는 것이 하나의 해석이 된다. 그러므로 헤르메네이아는 구두낭송(an oral recitation)을 가리킬 수 있다. 원초적 형식에서 언어는 보는 것이라기보다는 오히려 듣는 것이다. 바로 이것이 구두 언어(oral language)가 문서 언어(written language)보다 더 쉽게 '이해되는' 이유이다. 그러므로 '언어'를 뜻하는 독일어 'Sprache'는 말하여진 언어의 원초적 형식에 대해 시사하는 바가 많다. 말(word)은 말임(being word, 말하자면 시각적이고 개념적인)을 그만두고 '사건(event)'이 되어야 한다. 따라서 문학작품의 본질(being)은 구두 행동으로 일어나는 '말씀의 사건(word event)'이다. 이와 관련하여 팔머는 '언어 사건(speech-event)'과 친숙한 어휘를 의도적으로 사용하고 있다. 이렇게 볼 때, 기독교 신학은 '말씀의 신학(Theology of the Word)'이라 할 수 있다. 다시 말해서, 그것은 쓰인 말의 신학이 아니라 말하여진 말(the Spoken Word)의 신학인 것이다. 인간은 그 말하여진 말들의 '언어 사건' 속에서 말씀(the Word)과 직면하게 된다. 특히 불트만 학파의 신학에 있어 성서는 다름 아닌 케리그마(Kerygma), 즉 선포되어야 하는 메시지이다. 신학의 임무는 각 시대의 언어와 상황 속에서 말씀을 설명하는 것이지만, 이와 동시에 그 시대의 어휘 속에서 말씀을 표현하고 선포해야만 한다.

이상과 같이 헤르메뉴에인의 첫 번째 의미인 '말하다'가 함축하고 있는 뜻을 생각할 때, 우리는 살아있는 소리로서의 언어의 원초적 형식과 기능에 대해 새삼스럽게 깊은 이해를 할 수 있게 된다.

둘째, '설명하다'라는 뜻으로서의 헤르메뉴에인이다. 설명으로서의 해석이야말로 이해의 광범위한 국면임을 강조하며, 해석의 표현적인 차원보다 오히려 설명적인 차원을 지적해 주고 있다. 결국, 말들(Words)이란 단순히 어떤 것을 말하는 정도가 아니고, 어떤 것을 설명하고 합리화하고 분명히 하는 것이다. 인간은 어떤 것을 설명함 없이도 하나의 상황을 표현할 수 있다. 따라서 어떤 것을 표현하는 것도 하나의 해석이라 할 수 있지만, 어떤 것을 설명하는 것 또한 '해석'의 한 형식이 된다.

아리스토텔레스는 『해석에 관하여 $περί\ έρμηνείας$』에서 해석을 '선언(enunciation)'으로 정의하고 있다. 이는 헤르메뉴에인의 첫 번째 의미인 '말하다' 또는 '고지하다'를 의미하겠다. 그러나 그 책을 보다 깊이 연구하게 되면, 두 번째 방향인 '설명하다'는 의미도 포함되어 있음을 알게 된다. 아리스토텔레스는 헤르메네이아를 어떤 사물의 참 혹은 거짓과 관계가 있는 진술을 하는 정신의 작용에 대한 언급이라고 정의한다. 이러한 의미에서 '해석'은 어떤 사물에 관한 참된 판단을 형성하는 지성의 일차적인 작용이 된다. 이처럼 해석(선언)이 진술 자체의 형식은 되지만, 그렇다고 알려진 사물로부터 알려지지 않은 사물까지 추론해야 하는 것은 아니다. 해석은 단순한 대상들에 관한 이해가 아니라, 참된 진술을 구성하는 것과 관련된 과정들과 관계가 있다. 명제적인 진술로서 사물의 참을 표현하는 해석은 유용성보다는 참과 거짓과 관련되어 있어 정신의 보다 높고 순수한 작용에 속하게 되는 것이다.

아리스토텔레스에게 있어 해석은 이처럼 선언으로서 어떤 사물의 참 혹은 거짓을 진술하는 정신 작용으로 이해된다. 그러므로 올바른 선언을 위해서 우리의 정신 작용이 객관적 분석을 하도록 훈련하는 일이 필요하다.

신약성서 가운데 헤르메뉴에인이란 단어가 흥미 있게 사용된 곳은 「누가복음」 24장 25~27절이다. 여기 사용된 단어의 형태를 원어 성서에 나타난 그대로 적는다면, '디에르메뉴센(διηρμήνευσεν)'으로 그 의미는 '그가 설명하였다'이고 여기서 해석은 '설명'으로 나타난다. 또한 해석을 위해서 외적 요소들이 인용되고 있음을 알 수 있다(27절에서 모세와 모든 예언서로부터 시작하여 모든 성서 가운데서 자신에 대한 일들). 이를 바탕으로 우리는 해석에 있어 미리 알려져 있는 요소가 있어야 한다는 데에까지 생각이 미치게 된다. 해석학에서는 이렇게 미리 가정된 이해의 영역을 '전이해(preunderstanding)'라고 부른다. 따라서 전이해는 주어진 텍스트를 이해하는 데 필수적 관건이 된다. 이해한다는 말이 곧 해석한다는 말이기에, 설명으로서의 헤르메네이아가 곧 전이해에 근거하고 있다고 말할 수 있다.

셋째, '번역하다'란 뜻으로서의 헤르메뉴에인이다. 번역은 '이해로 끌어들이는' 해석 과정의 특수한 형식이다. 다시 말해 낯설고 이상하고 또는 이해할 수 없는 것을 언어라는 매개체 안으로 끌어들이는 것이다. 따라서 헤르메스처럼 번역자는 전자의 세계와 후자의 세계를 중재하는 것이다. 언어는 분명 문화적 경험의 보고(寶庫)이다. 우리는 이 매개체 안에 존재하고, 이 매개체를 통해서 존재한다. 그리고 언어매체를 통해서 깨닫는다.

성서 번역은 번역 일반의 문제와 관련하여 하나의 좋은 예가 된다. 성서는, 우리가 질문해야 하는(그리고 우리가 질문하는) 낯선 세계, 즉 시·공간(時·空間)과 언어와 멀리 떨어져 있는 세계로부터 우리에게 다가온다. 그러므로 어떻게 해서든지 세계의 이해는 성서의 이해와 만나야 한다. 이것은 엄청난 과제인데, 성서와 우리 사이에는 2천 년이라는 간격이 있기 때문이다. 그리하여 불트만(R. Bultmann)은 탈-신화화 프로그램을 주창하며 신약성서의 세계관과 현대의 '과학적' 세계관 사이의 충돌을 완화하려 하였다. 그는 성서의 메시지가 이른바 삼층적 우주, 즉 위에 있는 하늘과 가운데 땅, 그리고 아래의 지하세계들의 우주론적 표상 속에 담겨져 있다고 주장하면서, 성서의 본질적 메시지가 이러한 우주론적 '신화'의 틀을 벗어야 현대인이 믿을 수 있는 메시지가 된다고 말한다. 이러한 탈-신화화는 많은 비판을 받았지만, 지금까지도 여전히 신학적인 문제를 넘어 고대의 작품을 이해하려는 시도에 있어 중요한 모험이 되고 있다.

현대 해석학은 '해석학적인 문제'를 탐구하기 위한 커다란 저장소를 번역과 번역이론에서 발견한다. 해석학은 초기부터 언어의 번역을 포함하고 있었기에 '번역의 현상(phenomenon)이 해석학의 중심이다'는 주장에 동감할 수 있다.

이상과 같이 우리는 해석학의 어원과 그 의미에 관한 3가지 방향에 대해 알아보았다. 그러나 아직도 해석학적인 문제 일반의 상황 속에서, 저마다 해석학에 관한 정의(definition)를 달리하고 있다는 문제가 남아있다.

### 해석학과 '이해의 문제'

해석학을 정신과학의 한 방법론으로 간주하였던 것처럼, 해석학은 원래부터 그것 자체로 독립되어 있는 하나의 학문

체계가 아니라 특정한 학문에 종속되어 있는 보조적 학문이었다. 즉 고전적 문헌학, 성서학 그리고 법률학 등의 문헌 또는 법률조문을 이해하고 해석하는 데 있어 지켜야 할 규칙 내지는 기술이었다. 처음에는 해석의 규칙 혹은 기술로 간주된 해석학이, 그 후 자연과학과 맞서는 정신과학의 방법론으로 발전하게 되더니, 오늘날에는 문헌을 해석하는 규칙, 기술, 방법론의 차원을 벗어나 하나의 중요한 철학적 문제 내지는 흐름으로 대두하고 있다. 이러한 변화를 철학적 해석학(Philosophical Hermeneutics)이라 부른다.

그러면 철학적 해석학이란 무엇인가? 19세기말 독일의 인문과학자들을 중심으로 자연과학자들의 방법과는 다른 독자적인 방법론을 찾고자 하는 움직임이 일어났다. 곧 정신과학(Geisteswissenschaft)의 방법론적인 특수성을 주창하는 움직임이 일어난 것이다. 독일어의 'Geisteswissenschaft'는 '인문학(Humanities)', '인간학(Sciences of man)' 혹은 '사회과학(Social Sciences)' 등으로 번역된다. 이렇게 다양한 번역이 가능한 것은 독일어 'Geist'가 함축적인 의미를 담고 있기 때문이다. 가다머(H. G. Gadamer)는 이를 '문화과학(cultural sciences)'으로 번역한다. 그러나 본서에서는 한국 철학계의 관례를 따라 '정신과학'으로 번역할 것이다.

학자들은 일반적으로 해석학이 이해의 문제를 다루고 있으며, 이해가 일어나는 과정이라고 말하고 있다. 예를 들어 신학자로서 올바른 성서 이해와 주석의 문제를 고심하였던 슐라이어마허는 해석학을 '이해의 기술론'으로 체계화하였다. 그의 뒤를 이은 딜타이(W. Dilthey)는 자연과학과는 엄연히 다른 정신과학의 방법론을 해석학으로서 규정하면서, 정신과학의 특징을 이해의 방법에서 찾았다. 그는 다음과 같이 널리 알려진 표현으로 자연과학과 정신과학을 구별한다. "우리는 자연을 설명하고, 정신생활을 이해한다(Die Natur erklären wir, das Seelenleben verstehen wir)." 그러므로 근본적으로 정신과학은 '이해의 문제'에 모든 해결의 관건이 있음을 보여준다.

딜타이는 이처럼 해석학을 자연과학과 구별되는 인문과학의 방법론으로 생각하였다. 그러나 그 후 생철학에 대한 연구가 진전됨에 따라 인간의 삶 자체가 해석학적이라는 사실을 알게 되었다. 다시 말해 '이해한다'는 것은 자연과학과 대립되는 정신과학만이 추구하는 하나의 방법이 아니고, 인간 삶의 가장 본질적 모습에 대한 추궁이란 점을 깨달았던 것이다. 딜타이에게 있어 사람이 산다는 것은 사람이 자신과 세계에 대해 이해한다는 것을 뜻한다. 따라서 철학은 이러한 이해를 근거로 그 자체가 해석학적인 역사적 현실로서의 삶을 다시 이해하는 해석학이다. 그래서 우리는 딜타이의 해석학을 '삶의 해석학(Hermeneutik des Lebens)'이라 부른다.

결국 딜타이는 이해의 심원한 역할을 언급함으로써 전통적 해석학을 상대화하였다. 이와 같이 새로운 해석학(New Hermeneutic)은 우리로 하여금 해석학(Hermeneutics)의 피상성을 인식하고 이해에 더 깊은 관심을 갖게 했다. 따라서 새로운 해석학이 발흥하던 첫 시기에 '이해'란 용어가 지배적으로 사용되었다는 것은 놀라운 일이 아니다. 딜타이가 문헌에 관한 해석학적 과제에 집중하였을 때 그는 다음과 같은 확신을 가지고 있었다. 오직 언어 안에 내적 인간이 추구하는 완전하고 철저하며 객관적으로 인식될 수 있는 표현이 들어 있다. 그러므로 이해의 기술은 문서 안에 포함되어 있는 인간 실존의 자취에 관한 해석에 초점을 맞춘다. 현존재(Dasein)의 '실존(existence)'이라는 단어는 불트만의 해석학에 있어 기술적인 용어가 된다. 여기에서 언어는 인간 삶을 이해할 수 있게 하는 표식으로 평가될 수 있고 이때 비로소 참다운 이해는 언어가 분명하게 이해되는 곳에서 일어날 수 있다는 명제에 동의할 수 있게 된다. 이 명제는 '언어와 이해'를 연결짓는 계기를 마련해 준다.

에벨링은 헤르메뉴에인의 세 갈래 의미 — 즉 '말하다', '설명하다', '번역하다' — 를 한마디로 '언어에 의한 언어의 이해'로 이해한다. 그러므로 해석학은 언어에 어떤 것을 첨가하는 것이 아니라 언어가 효력을 발생하는 데 방해되는 것을 제거하기 위한 노력이다. 이에 헤르메뉴에인은 그 근본적인 의미와 그 사용되는 방식에 있어 가능한 한 아주 광범위한 지평을 가지고 있는 '언어의 이론'을 지시한다. 해석학적인 방법은 '이해의 이론'과 똑같은 방향에서 정의되므로 이해의 이론은 오직 언어에 의해서만 요청될 수 있게 된다. 그런데 새로운 해석학에서 이해란 언어를 이해하는 것이 아니라 언어를 통해서 어떤 것을 이해하는 것을 뜻한다. 에벨링의 말대로 이해의 영역에서 근본적인 현상은 언어의 이해가 아니라, 언어를 통한 이해이다. 곧 우리는 언어를 통해서, 언어에 의해 어떤 것을 이해하게 된다. "말 자체가 하나의 해석학적 기능이다." 왜냐하면 '말'이 어떤 것을 중개하고, 우리를 어떤 이해에게로 데려가기 때문이다. 결국 말이 수행하는 해석학적인 기능은 우리로 하여금 어떤 것을 이해하도록 이끌어주므로 우리는 해석학과 이해의 문제를 연결지어 생각하지 않을 수 없다. 디이머(A. Diemer)는 해석학을 이해의 문제와 연관지어 다음과 같이 말하고 있다.

> 우리는 이해라는 말을 일반적으로 특수한 소여성(所與性)과 특수하게 만나게 되는 형식 내지 경험의 형식으로 파악하는가 하면, 그러한 특수한 소여성은 해석학적인 대상들로 표현되기도 한다.

여기에서 '소여성'은 주어진 것을 말한다. 즉 삶 속에서 경험된 어떤 것이다. 따라서 이해를 '특수한 소여성과 만나는 형식' 내지는 '경험의 형식'으로 파악할 수 있다. 해석학이 주어진 것을 통하여 이해하는 과정을 문제 삼고 있기 때문에, 결국 소여성이 해석학적인 대상이 된다. 그렇다고 '이해한다'는 것이 주어져 있는 것을 단순히 하나의 대상으로 파악한다는 것만을 뜻하지는 않는다. '이해한다'는 것은 무엇보다도 먼저 그것이 무엇을 뜻하고 있는지, 그것이 무엇을 의도하고 있는지에 관계되어 있기 때문이다. 간단히 표현하자면, 이해란 의미의 파악, 즉 의미 내용의 파악이다. 그런데 하나의 개별적인 의미가 바르게 파악되기 위해서는 그것을 이해하려는 우리 자신에게 그 의미들 사이에 놓여 있는 의미 연관성(Sinnzusammenhang) 내지는 그 의미 전체성(Sinnganzheit 또는 Sinntotalität)이 이미 주어져 있어야 한다. 다시 말해서 전제되어 있어야 한다. 이렇게 미리 주어져 있는 의미 전체성을 '이해의 지평(Horizont des Verstehen)'이라고 한다. 그러므로 해석이란 다름 아닌 이미 알고 있는 것, 미리 이해하고 있는 것, 즉 전이해를 명백히 드러내는 것이라 할 수 있겠다.

# 3. 철학적 해석학의 역사

 전통적으로 텍스트를 어떻게 해석할 것인가라는 문제로부터 해석학이 시작된 것이 사실이지만, 철학적 해석학이 새로운 흐름을 형성하면서부터 해석학은 인식론의 문제로 되돌아갔다. 즉 해석학도 애당초 인식(Erkenntnis)의 문제로 출발하였기 때문에 역사를 소급해 올라가면 해석학에서 인식론의 여지를 발견하게 된다. 그러나 오늘날의 철학적 해석학은 단순한 인식론의 차원에 머물러 있지 않기 때문에, 우리는 다만 해석학의 발단을 인식론으로 소급하여 인식의 주체(해석학적으로 말하면 해석자)와 인식의 대상(해석학적으로 말하면 텍스트) 사이의 관계를 이해하는 데 많은 변천이 있었음을 알아야 한다. 우리의 관심은 우리 앞에 주어져 있는 객관적 대상을 단순한 기술과 방법으로 다루던 전통적인 해석학에서 벗어나 주객의 근원적 통일이라는 존재론적이고 철학적인 해석학으로 전환하였다는 사실이 무엇을 의미하며, 대체 어디에서부터 그와 같은 전환이 비롯되었는가를 살펴보는 데 있다. 두말할 것도 없이 이는 하이데거(M. Heidegger)에 의해 이루어졌다. 그에게 있어 해석학은 더 이상 단순한 인식론도 방법론도 아니며, "그 자체가 하나의 존재론이며, 현존재의 현상학"이다. 인식론으로부터 존재론으로 전향한 존재론적 해석학의 정체는 과연 무엇인가?

하이데거에 이르는 철학적 해석학을 보다 잘 이해하기 위하여, 간단한 연구사를 더듬어 보기로 하자. 다음의 연구사는 철학적 해석학의 범주를 파악하고자 하는 우리에게 좋은 길잡이가 될 것이다.

### 슐라이어마허: 문법적 해석과 심리적 해석

해석학의 역사는 슐라이어마허(F. D. E. Schleiermacher, 1768~1834)에 의해서 그 전환점을 맞이한다. 즉 단순히 문헌을 설명하고 해석하는 규칙 내지는 기술의 차원에 머물러 있었던 전통적 해석학에서 벗어나 '이해의 기술(Kunst des Verstehens)'로서 등장하기 시작한 것이다.

이미 언급한 바와 같이 해석학은 원래 문헌(고전, 법률조문, 성서)을 올바로 해석하고 이해하기 위하여 지켜야 할 해석의 규칙(Die Regeln der Auslegung) 또는 해석의 기술(Kunst der Auslegung)이었다. 즉 문헌의 난해한 부분이나 오해하기 쉬운 부분을 설명하고 해설하는 규칙 내지는 기술이었다. 그러나 슐라이어마허에 이르면 해석학은 말이나 글에 대한 '완전한 이해(das vollkommene Verstehen)'를 위한 이해의 기술론(Kunstlehre des Verstehens) 혹은 기술(technik)로 재정의된다.

이로써 전통적 해석학은 슐라이어마허에 의해 그 개념이 전환되었다. 그는 해석학을 주어져 있는 말이나 글을 설명하고 해설하는 데에 한정시키지 않고, 이해 자체에 대한 문제로 그 범주를 확대시켜 나갔다. 다시 말해 그는 해석의 문제를 사실상 이해의 문제로 단정지었다. 초월철학과 낭만주의라는 두 전통에 영향을 받은 슐라이어마허에게 있어 이해는 창조적인 재규명과 재구성으로 여겨진다. 그 결과 저자의 사유는 활동적이며 유기적으로 발전하게 되었으며 여기서 비롯된 개체성과 전체성 사이의 관계가 낭만주의 해석학의 초점이 된다. 슐라이어마허의 이 같은 주장은 근본적으로 새로운 것이었으며, 이로부터 '이해'가 해석학의 중심 주제가 되기 시작했다. 슐라이어마허는 한 걸음 더 나아가 다음과 같이 주장하고 있다. 우리가 '이해해야 할 것'은 형식화된 문헌에 나타나 있는 문구나 그 내용의 의미뿐만이 아니라 말하고 있는 사람이나 글을 쓰고 있는 저자의 개성과 그 특성까지도 포함되어야 한다.

말하고 있는 사람이나 글을 쓰고 있는 저자의 개성을 전체적으로 이해해야만 그 이야기나 저서(문헌)를 제대로 그리고 올바르게 이해할 수 있다. 이에 더 나아가 타자의 사상을 이해하기 위해서는 그 사상이 발생했던 구체적인 상황에로 자기 자신을 옮겨 놓아야 한다. 그래서 그는 해석학을 심지어 '오해를 피하는 기술'이라고 정의하기도 한다. '오해의 회피'라는 부정적 표현 속에 해석학적 과제들을 발견할 수 있다.

여기서 슐라이어마허는 문법적인 해석의 규준과 심리적인 해석의 규칙 속에서 해석학의 긍정적 해결점을 발견한다. 이해(어떻게 이해할 것인가)를 위해 문법적인 해석과 심리적인 해석의 두 계기를 구별한 슐라이어마허는 해석학의 과제를 기정사실로 주어진 것의 배후에 놓여 있는 것에서 통일적으로 작용하고 있으면서 스스로는 아직 미정으로 남아 있는 숨겨져 있는 자원을 찾아내는 것으로 보았다. 이 두 측면, 즉 주어진 것과 숨겨져 있는 것의 두 계기의 결합에서 슐라이어마허의 고유한 해석방법과 해석학의 기초가 야기된다.

문법적 해석(Die grammatische Auslegung)을 위해 슐라이어마허는 44개의 규준을 제안한다. 그가 제시한 첫 번째 규준에 의하면, 주어진 말을 정확하게 이해하기 위해서는 오직 저자와 그의 원 독자사이에 공유되어 있는 언어 영역(Sprachgebiet)과 관련하여 정확한 결정을 하여야 한다. 이 규준은 구체적인 해석자와 어떤 대상이 의미를 갖도록 그 대상에 의미를 부여한 장본인(저자) 사이의 연결성(Zusammenhang)을 강조한다. 저자에 의해 주어진 말의 의미(Sinn)를 이해하기 위하여 해석자와 저자 사이에 공유된 언어를 이해해야 한다는 말이다. 또 하나의 중요한 규준이 있는데, 그것은 주어진 구절에 쓰인 단어들의 의미는 그 단어와 함께 둘러싸여 있는 단어의 연결성 속에서 결정되어야 한다는 것이다. 여기서 개체성과 전체성의 관련이 문제가 된다. 즉 해석에 있어 필수적으로 전체와 부분이 통일적으로 이해되어야 한다. 말하자면 언어의 의미는 하나의 경우에 의해서 그 전체적인 의미영역이 이해되는 것이며, 그 언어가 구체적으로 사용된 경우에서는 전체적인 의미영역을 통해서 비로소 올바로 이해된다는 사실이다.

슐라이어마허가 이처럼 이해의 언어성을 강조한 사실은 탁월한 것으로 분명히 그의 해석학을 이전의 해석학과 구별하는 근거가 된다. 무엇보다도 '이해의 과정'을 구체적인 언어와 직접 결합시킨 것은 매우 중요하다. 그는 해석학에서 가장 먼저 전제되어야 하고 가장 먼저 발견되어야 할 것으로 언어를 들었다. 그는 해석의 과제가 언어의 해석에 있다고 생각하였으며, 이로 인해 단어가 가지고 있는 보편적인 의미영역을 추구하였다. 그는 단어의 의미영역을 다양한 뉘앙스가 가능한 단어의 본질적인 통일성(wesentliche Einheit)이라고 부른다.

그러나 사실 슐라이어마허의 해석학에 있어 보다 중요한 것은 '심리적 해석(Die psycologische Auslegung)'에 있다. 이것은 처음에 '기술적 해석학(Die technische Auslegung)'이라고 불렸으나, 후에 심리적 해석이라고 명칭이 바뀌었다. 주관적이고 객관적인 것에 해석을 집중시키고 있기 때문이다. 이는 후에 딜타이(Dilthey)에게 지대한 영향을 미치게 된다. 심리적 해석은 슐라이어마허의 특별한 공헌으로, 그의 심리적 해석에 의해 발전된 규준들은 저자가 살아가는 삶의 전체성 안에서 생겨나는 사상의 발전에 대한 고찰을 중심으로 전개된다. 슐라이어마허는 하나의 문헌이 어떤 특정한 인물의 구체적인 삶의 순간적 표현이라고 여겼다. 그렇기에 공감적으로 (gleich kongenial) 그 문헌의 형성 과정을 추적함으로써만 그 문헌을 이해할 수 있다. 심리적인 해석에서는 말의 정확하고도 객관적인 의미뿐만 아니라 화자, 즉 저자의 개성까지도 이해의 대상에 포함된다. 슐라이어마허에 따르면 저자를 이해하는 것은 실로 사고의 시발점으로 되돌아 갈 때에만 가능하다. 슐라이어마허의 심리적 해석은 궁극적으로 예감의 과정으로 해석자가 저자의 상태와 일치하는 것을 말한다. 이때 해석자는 작품 구성의 '내적 기원'을 통찰하여 창작활동을 재현하기도 한다. 그러므로 이해는 원창작에 대한 재창작이요, 알려진 것에 대한 앎이요, 개념의 생생한 순간으로부터 출발하는 재구성이요, 창작의 원동력으로서의 '최초의 결단'이 된다. 여기서 해석자는 적절한 역사적인 지식과 언어적인 지식을 가지고 말이나 구절의 의미를 이해하게 되며, 이로 인해 저자가 스스로를 이해하는 것보다 더욱 잘 이해할 수 있는 위치에 서게 된다. 후에 딜타이는 의식적인 직관과 무의식적인 직관을 포괄하고 있는 피히테의 영혼(Soul) 개념에서 이러한 가능성을 추적하게 된다. 따라서 저자가 추구하는 사유의 맥락을 성실하게 따르는 해석자는 저자에게 무의식으로 남아 있는 수많은 요소들을 의식으로 가져올 수 있고, 결국 저자 자신보다 저자를 더 잘 이해할 수 있게 된다. 슐라이어마허에 의해 새로운 전기를 맞이한 해석학은 하나의 예술이지 어떤 기계적 과정이 아니다. 다시 말하면 그에게 있어 해석학은 본래의 창조행위, 즉 '어떻게 그것이 진실로 그러한가?'라는 문제를 재구성하는 예술이다.

여기서 우리는 슐라이어마허의 해석학이 갖고 있는 '이해와 해석의 보편적 이론(eine universale-Lehre des Verstehens und Auslegens)'을 주시하게 된다. 왜냐하면 슐라이어마허가 해석학을 인간적인 보편적 삶에 대한 경험과 연결시키는 데 성공하였기 때문이다. 그의 보편적 해석학은 딜타이와 하이데거의 해석학적인 사고를 가능케 한 출발점이 되었다. 이런 의미에서 슐라이어마허는 명실상부 현대 해석학의 아버지라고 불릴 만하다.

그렇다면 성서 언어를 이해하고자 하는 우리에게 슐라이어마허가 갖는 한계는 무엇인가? 그는 어떤 가르침이나 저작을 완전히 이해하는 것을 기술적인 행위로 보고 해석학을 일종의 기술론으로 간주한다. 특히 신약성서를 이해하는 데에 필요한 역사적인 자료들, 즉 전기 및 후기 유대교에 대한 지식과 당시의 정신·사회적인 상황에 대한 지식 등을 고려해야 할 것을 역설한다. 따라서 해석학적인 문제를 본문이 기록된 시대와 오늘날 우리 삶의 자리(Sitz im Leben) 사이에 존재하는 지평적인 괴리에 다리를 놓는 것이며 역사·분석적인 방법론만으로는 해결될 수 없는 것이라고 본 점에서 슐라이어마허의 통찰은 지극히 타당하다.

그러나 슐라이어마허가 문법·역사적인 성서 해석방법에 덧붙여 심리적인 해석을 가한 것은, 다시 말해서 저작자의 집필 동기와는 '상관없이' 해석자의 심리적인 재창작을 시도한 것은 성서 본문을 해석하는 데 있어 오히려 방해가 된다. 그의 오류는 다음의 두 가지로 구분할 수 있다. 첫째, 심리적인 방법으로는 원 저자 자신의 과거와 현재 우리 사이에 있는 역사적인 균열을 극복할 수 없다. 비록 원 저자와 해석자가 인간으로서 공통된 인간성을 가졌고, 심리적인 재창조나 반복에 의해 공통된 경험의 감수성(Susceptibility)을 가질 수는 있다 하더라도, 시간적인 거리를 가진 각기 다른 역사적인 상황의 차이를 메울 수는 없기 때문이다. 둘째, 무엇보다도 성서 본문에서 표현하고자 하는 것은 원 저자의 영혼이 느끼는 내적 감정이 아니다. 오히려 저자가 말해야만 했던 것은, 그가 말할 때에 느꼈던 심리 상태와는 극히 무관하게 확실한 근거에 의해 인도되었다. 곧 성서 본문은 단순히 인간적인 차원의 말이 아니라, 하나님의 영감에 의해 저자의 인격이 인도된 측면이 강하다는 것을 슐라이어마허는 간과하였다.

## 딜타이: 정신과학의 근본 원리로서의 해석학

해석학을 정신과학방법의 근본 원리라고 주장한 딜타이(W. Dilthey, 1833~1911)는 정신과학의 학문적 기초를 정립하는 데 기여하였을 뿐만 아니라, 정신과학과 자연과학의 구별에도 큰 공헌을 하였다. 딜타이의 접근방법은 칸트와 헤겔의 방법론에 의존하고 있다. 그는 칸트의 형이상학적 추리에 대한 반감과 헤겔의 역사에 대한 관심을 수용하여 이를 정신현상학에 접합한다. 결과적으로 딜타이에게서 심미적이면서도 해석학적인 요소와 역사철학적인 요소 사이에 나타나는 긴장(Spannung)은 절정에 이르렀다. 역사학에서는 텍스트가 하나의 역사적인 문헌이 아니라, 이해해야 할 역사적 현실 자체로 주어진다. 더 나아가 역사가들은 인간 역사의 연관성 전체를 문제 삼으려 한다. 다시 말해 보편사 이해의 문제이다. 그럼에도 역사가들을 가장 당황하게 만드는 난점은, 역사가 완료된 상태, 즉 종말에 이른 것이 아니고 해석자인 그들 또한 하나의 한정되고 제한되어 있는 부분으로서 역사 속에 서 있다는 사실이다. 이러한 난점을 누구보다도 바르게 직시한 딜타이는 역사적 경험에 대한 하나의 새로운 인식론적 토대를 마련하려 했다.

딜타이는 역사이성의 비판(Kritik der historischen Vernunft)을 근본 명제로서 다시 확인하게 된다. 딜타이의 역사이성비판은 칸트의 순수이성비판(Kritik der reinenn Vernunft)에 대응되는 것인 동시에 순수이성비판에 대한 비판을 뜻한다. 다시 말해서 '역사'이성은 '순수'이성을 포괄한다. 칸트는 인식론의 범주를 과학적 토대를 확보한 경우로 제한했기 때문에 그의 사상에 있어 이론적 지식과 삶의 행위는 명확히 구분되었다. 따라서 칸트의 시각에서 딜타이의 역사이성비판은 역사·문헌학적 과학과 더불어 나타난 새로운 지식의 영역에서 순수이성비판의 정당한 확장을 의미하며, 이와 아울러 과학에 인식론적인 토대를 마련해 주는 것이 된다.

딜타이의 역사이성비판은 두 가지 목적, 즉 체계적 철학과 정신과학을 접합시킴으로써 논리와 삶의 분열로서 기술한 이

원론을 극복하려는 목적과, '형이상학적'이라는 이유로 추방당했던 영역을 엄밀한 고찰에 의해서 복원하여 인위적으로 해체된 과학과 삶, 이론과 실천을 다시 효과적으로 결합시키려는 목적을 성취한다. 그는 역사이성비판을 통하여 도덕적 행동의 보편타당한 기준의 토대를 설정함으로써 인간 삶과 행위가 추구하는 영역을 과학의 궤도 안으로 끌어들이려 했다. 그래서 그는 '존재자(das Seiende)'에 대한 명칭을 그리스어의 '있는 것'에서 '삶(Leben)'이란 독일어로 바꾸어 언명하는데, 이것이 바로 정신과학과 관련되어 그가 가장 중심으로 삼는 개념이다.

그러면 삶이란 무엇인가? 딜타이에 의하면, 삶의 철학이 추구하는 과제는 한 마디로 '삶을 그 자체로부터 이해하려는 것(das Leben aus ihm selber zu verstehen)'이다. 그에 의하면 삶은 추론적이고 분석적인 지성이나 관념적이고 사변적인 이성으로는 파악될 수 없는 주체적인 생명 현상이다. 그러므로 그는 삶을 '이해'한다고 말한다. 여기서 우리는 '이해'라는 개념을 '설명'과 대립시켜 파악할 수 있다. '설명'이란 하나의 현상을 일반적이고 필연적인 법칙에로 환원시켜 인식하는 방법인데 비해, '이해'란 하나의 현상에 있어 그 고유한 특성과 의미를 파악하는 방법이다. 그래서 딜타이는, 자연과학이 '설명'이라는 인식방법을 채택하고 있다면 정신과학은 '이해'라는 고유한 인식방법을 가지고 있다고 말한다. 딜타이는 슐라이어마허의 심리적 해석을 한층 더 발전시킨다. 그는 슐라이어마허처럼 해석자가 원 저자의 삶을 표현하기 위해 그 본래의 창조적 순간을 다시 경험하지 않으면 안 된다는 점에 동감하지만, 더 나아가 과거의 사건들을 역사적 삶의 표현들로 읽어야 한다는 점을 보다 강조하고 있다.

그 결과 슐라이어마허에게 '정신(der Geist)'이었던 것이 딜타이에게는 '삶(das Leben)'이 된다. 딜타이는 해석자에게 객관적 삶을 재구성할 수 있는 가능성이 있음을 설명하기 위해 모든 인간성이 공유하고 있는 생산적인 힘, 즉 삶을 언급한다. 삶의 객관화가 특수한 방식으로 연결되는 체험-표현-이해의 연관성을 살펴봄으로써 딜타이의 정신과학적 방법의 중심 원리인 삶의 해석학을 보다 잘 이해할 수 있다.

독일어에서 체험이라는 뜻을 지닌 단어에는 'Erfahrung'과 'Erlebnis'가 있는데, 딜타이는 해석학적인 체계를 위해 후자를 사용하고 있음에 유의할 필요가 있다. 'Erlebnis'는 'erleben(체험하다)'이란 동사로부터 만들어졌는데, 그 동사는 접두사 'er'와 동사 'leben'이 결합하여 이루어진 단어이다. 그러므로 'Erlebnis'는 삶과 긴밀히 연결되어 있음을 알 수 있다. 딜타이에게 있어 체험이란 개념은 인간의 삶을 이해하는 수단을 뜻하는데, 그것은 체험이 인간 삶의 범주들(Kategorien des

Lebens) 중의 하나에 속하기 때문이다. 현실로서의 삶이란 아주 복잡한 역사적이고도 사회적인 관련(Bezug), 즉 일차적으로는 나와 이웃들과의 공동관계이자 구체적인 생활환경에 대한 얽매임이다. 그것은 인간 자아와 자아형성의 표현인 문화와 관련된다. 한마디로 삶이란 나 자신과 나의 세계를 포괄하는 것이다. 딜타이는 체험·표현·이해를 삶의 범주로 들고 있는데, 이 범주들은 그의 해석학 체계를 구성하고 있는 정신과학적 연관성이다.

딜타이는 삶의 범주들로서의 체험 개념을 다음과 같이 정의한다. 체험이라는 개념은 현실이 나를 위해서 존재하는 특수한 존재형식을 말한다. 체험이란 마치 지각된 그 무엇이나 혹은 어떤 표상처럼 내 앞에 대상으로 나타나는 것이 아니라, 내가 현실을 인식함으로써 그리고 내가 현실을 직접 나에게 속한 것으로 소유함으로써 나에게 존재한다. 이 때 체험은 사유 속에서 비로소 대상화된다. 여기에서 체험은 현실을 소유하는 방법, 혹은 나를 위해서 존재하는 현실의 존재형식이라고 규정된다. 이것은 현실을 인식하는 특수한 방식의 하나이며 여기에서 주관과 객관의 구별은 사라진다. 따라서 주관주의나 객관주의의 어느 한편으로 기울어지지 않은 채 인간의 삶이 전체성으로 파악되고, 인간은 그의 세계와 더불어 하나가 된다. 이처럼 체험은 인간의 모든 인식능력들이 하나로 통일되어 있는 것을 말하는 것이다.

딜타이에게 있어 '표현(Ausdruck)'이란 한 인간의 감정에 대한 구체화가 아니라 '삶의 표현'으로서 인간에 관한 내적 삶의 흔적(imprint)을 반영하는 어떤 것, 즉 하나의 생각, 하나의 법률, 하나의 사회적 형식인 언어 등과 관련된다. 그래서 딜타이는 삶의 다양한 표현 혹은 인간의 내적 체험을 세 가지 범주들로 구분한다. 첫째는 개념(즉 사상, 판단 그리고 보다 큰 사고형식)의 표현이고, 둘째는 행위로 드러나는 표현이며, 마지막은 체험의 표현이다. 딜타이에 의하면, 삶은 근본적으로 오직 그 주어진 표현에 있어서만 파악될 수 있다. 더구나 표현은 삶의 깊은 심연으로부터 솟아나는 것이므로, 우리는 삶의 표현을 통해서 인간의 자아의식을 다루게 되고 결국에는 인간 본질을 파악할 수 있게 된다.

딜타이에 따르면 체험은 표현으로 나타나고 표현은 체험의 생생한 내용을 드러내어 다시 새로운 체험을 불러일으킨다. 이처럼 삶의 표현은 사람의 의식이 비추는 곳보다 더 깊은 곳으로부터 체험을 가져오므로 인간의 내면세계를 이해할 수 있도록 도와주는 창조적 기능을 한다고 말할 수 있다.

마지막으로 삶을 파악하려는 범주에는 '이해(Verstehen)'가 있다. 딜타이는 슐라이어마허의 심리학적인 전제들을 따라 어떤 행위든 일종의 심리적인 발생 조건을 갖고 있으며 참된 이해란 그 조건이 일치할 경우에 가능하다고 본다. 말하자면 인간이기 때문에 인간을 이해할 수 있으며, 이는 인간 본성의 동질성(Gleichartigkeit der Menschennatur)이 존재함을 의미한다. 이러한 공통 기반 위에서 딜타이는 이해의 방법을 다음과 같이 요약한다. 이해는 직관(Intuition)인 동시에 이해의 대상을 마음속에 재구성하여 내적 연관성을 가지고 이해하는 것이다. 따라서 딜타이는 인간 상호간의 공통성이 전제되어 있는 모든 인식에 이미 해석학적인 전이해가 포함되어 있는 것으로 보고 있다.

삶과 이해의 일치에 대한 딜타이의 인식은 '해석학적 순환성(Zirkelhaftigkeit der Hermeneutik)'에서 더욱 분명히 드러나는데, 이는 체험과 표현과 이해가 '이해의 순환구조(Zirkelstruktur des Verstehens)'에 근거하고 있다고 보기 때문이다. 삶의 흐름 속에서 의미를 통한 전체적인 통일성을 드러내는 삶의 체험, 이 체험으로 말미암아 삶을 초월하는 형식으로서의 객관화된 표현 그리고 이를 분석하고 해석함으로써 얻어지는 삶의 이해는 상호 의존관계를 가지고 있으며, 이것이 바로 삶이 가지고 있는 현상의 본원적인 모습이다. 이 세 가지 범주간의 관계가 직선적인 인과관계로 보이기는 하지만 딜타이에 의하면 그것들은 순환적이다.

체험과 표현간의 관계에 대해 딜타이는 다음과 같이 말한다. 체험은 전적으로 표현되고, 표현은 체험을 전적으로 드러내는 과정에서 새로운 체험으로 발생한다. 말하자면 체험은 표현되고, 표현은 새롭게 체험되어 체험과 표현은 완전히 하나가 된다. 표현과 이해간의 관계는 다음과 같다. 표현으로 인해 이해가 가능하고 이해 속에서 표현 또한 완전해지므로 표현이 곧 이해라고 할 수 있다. 체험과 이해 역시 서로 밀접하게 의존하고 있다. 이해는 체험을 전제로 하고 체험은 이해를 통해서 인간의 좁은 주관성을 벗어나 전체적인 삶의 세계로 들어올 수 있게 된다. 체험과 표현과 이해의 직접적이고 상호의존적인, 즉 순환적인 관계를 통해서 삶은 점점 명백하게 드러나고 풍요롭게 된다. 따라서 이 세 가지 범주의 순환적 구조, 그것이 곧 삶이다. 이것이 딜타이의 삶의 해석학이며, 정신과학의 근본 원리로서의 해석학이다.

그러므로 딜타이가 스스로 해석학에 대해 내리는 정의는 다음과 같다. 해석학은 문자적으로 고정된 삶의 표현을 이해하기 위한 기술론이며 영구히 고정된 삶의 표현이 담겨 있는 문헌 속에서 인간 실존에 대한 자취를 찾아낼 수 있는 방법이다. 딜타이가 문헌에 관한 해석학적인 과제에 역점을 두었을 때, 그는 문서 안에 포함된 인간 실존을 이해하려 한다. 따라서 딜타이의 해석학적인 과정의 최종 결론은 저자 자신보다 해석자가 저자를 더 잘 이해할 수 있게 된다는 것이다. 이는 해석자의 이해가 단순한 지적 과정을 넘어서는 전인적인 창조의 과정이며 재구성이기 때문이다. 따라서 딜타이의 삶의 해석학에 의하면, 삶의 이해는 삶을 창조하는 것이다. 결국 이해의 본질은 그 창조성에 있다고 말할 수 있다.

그럼에도 불구하고 딜타이의 해석학적인 개념은 슐라이어마허의 심리적 해석의 틀을 벗어나지 못하고 있다. 하나님의 역사활동에 대한 성서적 증언들은 이러한 심리적인 이해방법에 포섭당할 수 없다. 딜타이의 해석학은 역사적인 문헌을 이해하는 데에 있어 원 저자와 해석자가 공통된 경험을 가질 수 있다고 보았다. 그렇다면 성서는 인간의 보편적인 경험 가능성을 반영시킨 단순한 하나의 책에 지나지 않게 되며, 역사의 한복판에서 일어나는 활동의 매개체라는 성서 속에서 하나님의 독특한 지위는 더 이상 성립될 수 없게 된다. 왜냐하면 성서는 하나님 계시의 말씀이며, 인간의 보편적 경험 저 너머에 있는 영적인 지식을 우리 인간에게 가져다주는 것이기 때문이다.

### 하이데거: 존재론적 해석학

이해의 문제를 좀더 심층적이고 근원적으로 파고든 학자는 하이데거(M. Heidegger, 1889~1976)이다. 슐라이어마허는 전해오는 문헌들을 제대로 해석하고 이해하기 위해서 "그 문헌의 저자가 처한 상황에로 우리 자신을 옮겨 놓아야 한다"고 역설하였고, 이를 바탕으로 심리학적인 해석학을 전개시켰으며, 딜타이는 삶의 토대 위에서 정신과학 일반의 방법론으로 이해를 이끌어 갔다. 이에 비해 하이데거는 이해를 인간 현존재의 존재양식에서 이끌어내려 한다. 그는 이해란 현존재(Dasein)인 우리 인간에게 전이해로서 이미 주어져 있음을 밝혀냄으로써, 이해의 문제를 근원적인 문제로 만들었다. 결국 하이데거에 의해 해석학이 이해의 문제로 귀결되었다.

하이데거에게 있어 이해는 처음부터 방법론적인 문제가 아닌 존재론적인 문제였다. 이를 이해하기 위해 하이데거가 사용하는 '존재자(das seiende)'와 '존재(das Sein)' 개념을 구별할 줄 알아야 한다. 존재는 존재자를 존재하도록 하는 근거요 의미이다. 예를 들어 만년필은 존재자다. 그러나 만년필의 존재는 '글씨를 쓰는 일'이다. 그러므로 만년필이라는 존재자는 '존재적(ontisch)'으로 다루고, 만년필의 존재는 '존재론적(ontologisch)'으로 다루어야 한다. 존재적인 것이란 존재하는 사물의 존재에 대한 질문, 즉 사물의 존재나 동물의 존재, 심지어는 인간의 존재에 대한 물음을 제기하는 것으로 그 자체가 자연과학의 대상이 된다. 이에 반해 존재론적인 것은 개개 사물의 기초가 되는 보편적인 존재구조에 대한 질문이며 철학의 대상이 된다. 하이데거의 과제는 바로 존재의 문제 내지는 존재의 의미에 대한 물음이었다. 그리하여 그는 존재의 기초에 현존재(Dasein)를 두고, 이 현존재를 분석함으로써 그것을 내면에서 열어 보이려 하였다. 그의 전기사상의 대표작인 『존재와 시간』에서 그의 '기초적 존재론'을 파악할 수 있다.

하이데거에 의하면 인간존재는 '여기(現) 있다(*存在*)'는 현상으로 드러난다. 즉 현존재(Dasein)이다. 현존재는 실존적인 것, 즉 현존재의 본질(Wesen)은 그의 실존(Existenz)속에 놓여 있다. 그래서 하이데거는, 현존재가 자신의 실존에서, 즉 자신의 가능성에서 자신일 수 있는지 없는지를 이해한다고 말하였다. 바로 여기에서 본래성(Eigentlichkeit)과 비본래성(Uneigentlichkeit)이라는 개념이 등장한다. 현존재는 그 자체로 하나의 '내-존재(In-Sein)'이며, '세계-내-존재(In-der-Welt-Sein)'이다. 하이데거가 말하고 있는 '내존재'란 단순히 어떤 사물이 공간 안에 있다는 것을 뜻하는 것이 아니다. 하이데거는 모든 존재자를 서로 다른 세 가지의 존재양식으로 나누어 생각한다. 즉 단순히 우리 '앞에 놓여 있는' 사물존재(Vorhandensein), '쓰이기 위해 있는' 또는 '사용되기 위해 있는' 도구존재(Zuhandensein), 마지막으로 '여기(Da)'로 표현되는 현존재(Dasein), 즉 인간 존재이다. 현존재에 해당하는 내존재는 하나의 공간적인 관계를 뜻하는 것이 아니라, 현존재의 존재양식을 의미한다. 따라서 하이데거는 단순히 공간적 관계를 뜻하는 '안에 있는' 상태를 '범주적(Kategorial)'이라 하고, 현존재의 존재양식(Seinsverfassung des Daseins)을 의미하는 내존재를 '실존적(Existential)'이라 규정하고 있다. 세계내 존재인 현존재에게 있어 '세계'란 바로 현존재의 존재양식이며 하나의 실존 범주이다.

세계내 존재인 현존재는 세계에 대한 이해(das Verstehen)를 가지고 있다. 현존재의 실존 범주로 지칭되는 이해 그 자체는 대상적인 무엇이 아니라 실존하고 있는 존재요 존재 가능성이다. 그러므로 이해가 없으면 인간 실존은 존재하지 않는다. 따라서 실존한다는 것은 이해한다는 것을 의미한다. 즉 이해는 존재 가능성이요, 현존재 자체의 본래적 존재 가능으로서의 실존론적 존재이다.

하이데거가 말하고 있는 이해와 해석이 어떤 관계를 맺고 있는지 알아보자. 그는 해석에 있어 이해가 다른 어떤 것(etwas anderes)이 되는 것이 아니라, 자기 자신(es selbst)이 되는 것이라고 말한다. 해석은 실존론적으로 이해 속에 근거하고 있는 것이지, 이해가 해석을 통하여 생겨나는 것은 아니기 때문이다. 결국 해석은 이해된 것의 앎이 아니라, 이해 속에서 기투(企投)된 가능성들(entworfenen Möglichkeiten)의 완성이다. 여기서 우리는 하이데거 해석학의 핵심을 발견한다. 곧 해석은 새로운 지식을 획득하는 것이라기보다는 이미 이해되어 있는 세계가 해석되는 것을 의미한다. 그러므로 해석은 이해에 근거하고 있고, 이해는 해석을 통해서 형성된다.

이 때, 해석은 결코 '전제 없는 파악(ein veraussetzungs-loses Erfassen)'을 뜻하지 않는다. 현존재로서 인간은 누구나 자기에게 주어져 있는 이해의 지평에서 이해한다. 그러므로 하나의 개별적인 의미를 파악하는 이해는 이미 있다는 사실을 드러내고, 전이해는 이해의 조건이 된다. 그러므로 해석이란 다름 아닌 이미 알고 있는 것, 미리 이해하고 있는 것, 즉 전이해를 명백하게 드러내는데 그 특징이 있다. 다시 말해서 어떤 것을 어떤 것으로서(etwas als etwas) 명백하게 드러내는 것이다.

하이데거는 이해의 전-구조(Vor-Struktur)와 관련하여 전소유(Vorhabe), 전견(Vorsicht) 그리고 전취(Vorgriff)를 들고 있다. 전-구조는 한마디로 전이해이다. 따라서 모든 해석은 언제나 앞서 가지고 있고(前所有), 앞서 보고 있고(前見) 그리고 앞서 꿰뚫고 있는(前趣) 구조, 곧 이른바 전-구조 속에서 일어난다. 여기서 우리는 이미 이해된 것을 이해한다는 순환구조(Zirkelstruktur)를 볼 수 있다. 해석 개념에서 뚜렷이 드러나는 논의의 순환성은 이해의 전-구조 안에서 작용하며, 이미 이해된 것을 명백히 할 수 있다. 그러므로 중요한 것은 이 순환에서 벗어나는 것이 아니라 이 순환 속에 올바로 들어가는 것이다. 이러한 이해의 순환은 곧 인간 존재의 실존적인 구조가 표현된 것이기 때문이다. 따라서 해석학적 순환은 실존론·존재론적 순환이 된다.

이상에서 알 수 있듯이, 하이데거에게 해석학이란 해석의 기술에 관한 이론이 아니라 해석의 본질을 규정하는 시도이다. 그에게 있어 현존재는 자기의 고유한 존재와 존재 일반을 의미하므로 해석학적이다. 따라서 실존론적인 인식인 동시에 현존재의 의미와 존재 일반에 대한 질문이 되므로 존재론적인 인식이 된다.

하이데거의 해석학적인 사고가 딜타이에게서 영향을 받은 것은 사실이지만, 해석학의 존재론적인 방향전환은 하이데거 자신에 의해 비롯되었다. 그의 존재론적 해석학은 불트만에게 지대한 영향을 주었으며 그로 하여금 인간 실존의 전체성과 근원성을 통찰하도록 해주었다.

## 불트만의 실존론적 해석학

불트만(R. Bultmann, 1884~1976)은 거의 반세기 동안 현대 개신교 신학에 결정적인 영향을 끼쳐온 신학계의 거장이다. 불트만의 신학은 19세기 자유주의 신학과 결별하면서부터 시작되었다. 그는 바르트(K. Barth)와 달리, 자유주의 신학이 추구하던 역사비평방법을 계속 발전시켰고, 자신이 몸담고 있던 마르부르크(Marburg) 대학의 동료였던 하이데거와의 교제를 통해 심화시킨 실존철학을 도구로 독자적인 신학사상을 형성하였다. 참고로, 1918년에 『로마서 강해』를 세상에 내놓음으로써 자유주의 신학풍조에 결정적인 반기를 든 바르트가 그 책의 서문에서 밝힌 말을 들어보자.

> 성서연구에 대한 역사비평적 방법은 그 타당성을 가지고 있다. 그것은 결코 피상적인 것이 될 수 없는 지식을 제공해 주는데 관심을 갖는다. 그러나 역사비평방법과 신성한 영감론 중 하나를 택해야 한다면, 나는 망설이지 않고 후자를 택할 것이다.

바르트의 이러한 견해는 저자가 바울로 확실하게 알려진 「로마서」 연구에 있어서는 정당하다. 그러나 복음서와 같이 저자가 불확실하고 문학양식과 편집, 전승층이 다양한 경우에는 여러 가지 복잡한 문제를 발생시키므로 역사비평적인 연구가 반드시 필요하다. 이에 불트만은 철저하게 역사비평적 방법론에 입각해서 복음서 연구를 전개해 나갔다.

불트만 사상의 근간을 이루는 방법론은 실존론적 해석학(Existentiale Hermeneutik)이다. 1941년에 「신약성서와 신화론: 신약성서적 선포의 탈신화화 문제」라는 논문이 발표되면서 그의 실존론적 해석학은 신학계에 격렬한 찬반양론을 불러일으킨다.

불트만은 고대 신화들이 소멸할 수 있고 그들의 언어가 낡은 것이 될 수 있음을 분명히 인식하고 있었다. 따라서 그는 신화적인 의미로 표현되었던 과거의 언어가 의미를 지닌 언어로 표현됨으로써 고대 신화를 해석할 수 있다고 주장한다. 이것이 바로 불트만의 '탈신화화' 해석학이다. 심지어 그는 신화에도 우선하는 어떤 것(something prior)이 있다고 주장한다. 신화 자체는 이차적인 것이며, 세계에 있어서 인간 실존의 이해요 표현이다. 그러므로 해석자는 신화의 '실존에 대한 이해'에 도달하려고 노력해야 하며, 현대인에게 그러한 실존에 대한 이해를 해석해 주어야 한다. 이제 우리 논의를 단계적으로 서술해 보자.

① 신약성서와 해석학

딜타이는 해석학을 '작품 속에 고정된 삶의 표현들을 이해하는 방법'이라고 특징지었다. 이는 대단히 제한된 정의로 해석학을 '삶의 표현들', 더 정확하게는 작품 속에 고정된 '삶의 표현들'로만 한정시킨다. 여기에는 심지어 조형예술작품의 이해마저 포함되어 있지 않다. 불트만의 해석학에서도 이러한 제한된 이해가 발견되는데 이는 그가 신약학자로서 본문 주석, 즉 신약성서 주석에 관심을 가지고 있었으며 '오직 성서만으로(Sola Scriptura)'라는 종교개혁원리에 굳게 서 있었기 때문이다.

그렇다면 성서학자로서 불트만은 신약성서를 이해하기 위해 우리가 지금까지 다루지 않았던 새로운 해석학적 원리를 요구하는가? 아니다. 불트만은 분명하게 성서 문헌의 해석도 다른 문헌의 경우와 마찬가지로 다른 이해의 조건에 지배되지 않는다고 말한다. 그러므로 성서를 이해하기 위해서도 일반 해석학의 결과를 수용해야 할 것이다. 그는 신약성서의 연구를 위해서는 독립된 신학적 해석학이 필요하다는 견해에 명백하게 부정하면서 다음과 같이 말한다.

> 주석가의 작업은 그의 전제나 방법으로 인해 신학적인 것이 되는 것이 아니라 그 대상, 즉 신약성서에 의해서 신학적인 것이 된다. 신학자로서 그는 자신이 해명하려는 신약성서를 교회가 그에게 지시하는 데서 획득한다. 신약성서의 학문적 탐구는 다른 역사적 자료의 탐구와 마찬가지로 세속적이다.

그리하여 불트만은 역사 현상 일반을 이해하는 데에 동원된 전제들과 방법들을 고스란히 가져와, 특히 작품 속에 고정된 삶의 표현으로서 성서 본문을 이해할 수 있는지를 고찰하였다. 그는 "문헌해석을 연구대상으로 하고 그것을 위하여 해석학을 사용하는 학문을 문헌학(Philologie)"이라고 정의하면서, 이는 아리스토텔레스 이래로 해석학의 확고한 법칙이며 전통이기에 대체로 모든 학자들이 이의 없이 따르고 있다고 말하였다. 불트만은 본문을 이해하는 데 필요한 해석률(법칙)들을 다음과 같이 제시하고 있다.

a. 한 작품은 그것의 구조와 문제에 따라 분석되어야 하며, 그렇게 하여 개체는 전체에서, 전체는 개체에서 이해될 수 있어야 한다.
b. 외국어의 해석은 그 외국어의 문법에 따라야 한다.
c. 저자가 주장하는 바를 이해하고자 한다면, 그 저자의 개인적인 용어 사용법(Sprachgebrauch)을 고려하여야 한다. 왜냐하면 해석자는 동일한 개념을 저자와 다른 의미로 사용할 수 있기 때문이다.
d. 한 저자가 표현한 바를 적절하게 이해하려면, 그 저자가 살던 시대의 용어 사용법과 환경을 고려해야 한다.
e. 모든 문헌은 역사적으로 한정되어 있으며 동시에 그 시대의 산물이기 때문에, 올바른 해석을 위해 당시의 역사적 환경에 관하여 가능한 한 광범위한 지식을 갖추어야 한다.

이러한 해석학적인 규칙들만으로 이해의 과정을 충분히 설명할 수는 없다. 전통적인 해석률만으로는 충분한 이해가 불가능하다. 이러한 사실이 슐라이어마허와 딜타이에 의해 인식되었으므로 불트만은 해석학의 문제에 있어 이들을 특별히 중요한 공로자들로 여기고 있다. 슐라이어마허는 참된 이해가 전통적인 해석률을 추종하는 데서 얻어질 수 없으며, 해석률에 의하여 수행된 해석, 즉 '문법적 해석'에 '심리적 해석'이 추가되어야 한다고 주장했다. 그러나 불트만은 원칙적으로 슐라이어마허와 딜타이에게 동의하면서도 그들의 심리적 해석 방법이 모든 본문에 한결같이 유효한지에 대해서는 의문을 갖는다. 즉 철학 및 시 문헌 해석에서는 유효하지만 다른 문헌에서도 이와 같이 유효할 수 있을까라는 질문이다. 불행히도 그 대답은 명백히 '아니다'이다.

바로 여기에 하이데거와 만난 불트만의 해석학적인 공헌이 있다. 불트만의 실존론적 해석학은 하이데거의 해석학적 철학에 의한 현존재의 방법론적 분석을 심화시키려 하였다는 데에 그 의의가 있다. 불트만이 충분히 하이데거를 따르고 있는지 혹은 난해한 존재 문제를 피해서 하이데거의 실존 범주를 지름길로 이용했는지의 여부는 이미 리꾀르(P. Ricoeur)도 시사했던 문제이다. 불트만이 주목했던 것은 예수 그리스도 안에 임재한 하나님의 메시지인 케리그마(Kerygma)가 신화론적인 언어로 표현되어 해석자의 실존론적인 이해로 파악될 수 있다는 점이다.

1925년에 불트만은 하이데거와의 공동연구 끝에 『신약성서의 신학적 주석의 문제』라는 책을 냈다. 이곳에서 그는 '해석학적 원리'에 대하여 언급했는데, 주석가는 본문 안에 표현된 인간 존재의 가능성에 대한 물음을 본문에 제기할 때, 그 자신의 실존이 불확실하여 처분 불가능한 존재라는 사실로부터 출발한다고 말한다. 그러므로 주석가는 결단을 촉구하고 있는 실존적인 질문에 대해 들을 준비를 하고 본문으로 나아가야 한다. 여기서 중요한 사실은 주석가가 그의 본문에 접근할 때 수반되는 질문 자체가 이해행위의 본질적인 부분이라는 점이다.

그러므로 불트만은 "하나의 이해, 즉 해석은 언제나 특정한 물음 설정(Fragestellung)에 의해 유도되므로, 이해와 해석은 전이해(Vorverständnis)에 의해 가능하게 된다"고 말한다. 불트만이 말하고 있는 전이해가 선입견(Vorurteil)이 전제된다는 것을 뜻하는 것은 아니다. 그는 주석 과정에서 본문 이해에 제약을 가할 수 있는 어떠한 선입견도 경계한다. 불트만은 전제들로부터 자유로운 상태, 즉 무전제성(Voraussetzungslosigkeit)과 선입견으로부터 자유로운 상태, 즉 탈선입견(Vorurteilsfreiheit) 사이의 차이점을 명백히 하였다. 후자의 조건은 객관적 지식에 머무르려는 모든 시도에 있어 필수적이고, 전자는 참다운 지식의 본성에 관한 과학주의적인 견해에 근원을 두고 있는 환상적이며 부당한 생각이다. 그러므로 신약성서를 해석함에 있어 실제적인 관심은, 불트만이 말한 대로, 성서가 말하고 있는 바를 우리의 현 상황에서 우리의 삶과 영혼에서 실제로 중요한 것이 무엇인지를 듣는 데 있다. 그러므로 신약성서를 올바르게 묻는 사람은 신약성서로부터 질문자 자신에 대한 어떤 것, 혹은 더 나아가서 그 자신에게 말해진 것(Gesagte)을 듣기를 기대한다고 말할 수 있겠다.

그러나 불트만에 의하면, 신학적인 이해는 적절한 개념, 특히 인간학적인 개념을 필요로 한다. 하나님에 관해 말하는 것은 오직 인간에 관해 말할 때에만 가능하기 때문이다. 따라서 신학적인 학문은 인간 실존이 언급될 수 있는 적절한 개념들을 추구해야 한다. 그래서 불트만은 하이데거의 실존분석이 '올바른' 철학의 과제를 수행한 것이라고 말한다. 불트만이 말하는 '전이해'는 하이데거의 '이해의 전-구조'를 방법론적으로 새롭게 재규명한 것을 뜻한다. 불트만은 심리적 해석의 한계성을 다음과 같은 질문으로 제기한다. "가령 수학이나 의학 문헌들의 해석도 저자의 심리 현상의 재현에서 나온다고 볼 수 있을까? 혹은 전황(戰況)을 보도하는 이집트 왕들의 비문, 또는 고대 바벨론과 아시리아의 역사연대표, 또는 콤마게

네(Commagene) 왕국의 안티오쿠스의 비문 등을 내적인 심리현상으로 이해될 수 있을까?" 이러한 불트만의 문제제기는 심리적 해석이 안고 있는 한계를 분명히 일깨워주고 있다.

② 신화적 언어의 탈신화화

불트만은 신약성서의 세계상은 신화적이라고 단호하게 말하면서, 신약성서의 신화론적 표상 이면에 있는 심층적 의미를 발굴하고자 탈신화화 프로그램을 준비한다. 그는 신약성서의 표상세계와 현대인의 표상세계 사이에 커다란 괴리가 있으며, 바로 이로 인해 성서의 말씀을 이해하는 데 어려움이 있고, 결과적으로 성서에 근거한 신앙을 갖는 데 장애가 된다고 보았다.

불트만 자신이 신화에 대해 어떤 개념을 갖고 있는지부터 살펴보자. 불트만이 말하는 신화란 종교사학적 연구에서 이해된다. 신화론은 탈속적이며 신적인 것이 세속적이며 인간적인 것으로, 피안의 것이 차안의 것으로 나타나는 — 예를 들면, 신의 피안성이 공간적 거리로 나타나는 — 표현방식이라고 말할 수 있다. 그러므로 신화는 비-세계적인 것을 세계적인 것으로, 신들을 인간적으로 말한다. 따라서 신화의 본뜻은 객관적인 세계상을 제공하는 데 있지 않고, 오히려 세계에서 인간이 자신을 어떻게 이해하는지를 말하는 데 있다. 그래서 불트만은 신화를 우주론적인 것이 아니라, 인간학적으로 — 다시 말해서 실존론적으로 — 해석되어야 한다고 말한다.

불트만은 신약성서에서 이러한 신화론적인 표상양식이 발견된다고 지적한다. 신약성서의 세계란 고대 바벨론의 우주관을 반영하는 삼층적 구조를 가지고 있다. 즉 가운데에 땅이 있고, 위에는 하늘, 아래에 지하세계가 있다. 그는 이러한 공간적 세계 이해와 병행하여, 시간적으로는 이 세대가 악마와 죄와 죽음(이것들을 통칭하여 '세력들'이라고 말할 수 있다)의 지배 하에 있으며, 종말을 향하여 가고 있다고 이해하였다.

심지어 불트만은 신약성서의 본 내용인 구원 사건의 서술도 이러한 신화적 세계상에 상응한다고 믿는다. 그에게는 선포의 언어도 신화적인 것이다. 불트만이 재구성하는 신약성서의 선포는 다음과 같다. 지금 마지막 때가 왔다. '때가 차매' 하나님이 그의 아들을 보냈다. 선재적, 신적 존재인 그의 아들이 한 인간으로 지상에 나타나 죄인처럼 십자가에서 죽음으로써 인간의 죄를 위해 속죄물이 되었으며, 그의 부활은 우주적 파국의 시작이자 아담에 의해 세상에 들어온 사망의 끝을 뜻한다. 이로써 잡귀들의 세계 지배도 그 거점을 상실하게 된다. 부활한 자는 하늘에 올려져 하나님의 오른편에 앉아 있다. 그는 주와 왕이 되었다. 그러나 불트만이 이렇게 신약성서의 케리그마를 분명하게 재구성하면서도 아직 이루어지지 않은 케리그마의 내용들 — 이를테면, 그리스도의 재림과 최후의 심판 — 에 대해서 언급하지 않은 것은 아쉬움으로 남는다.

불트만은 위에서 언급한 신약성서의 케리그마가 신화적 언어로 표현되어 있기 때문에 탈신화화 프로그램을 통해서 새롭게 이해해야 한다고 주장한다. 그렇다면 탈신화화 과정은 어떻게 수행되고 있는가? 불트만에 따르면, 신화의 제거만으로는 탈신화화가 불가능하다. 불트만 이전의 비판적인 신학자들은 신화를 해석하려 하지 않고 제거(Abstrich)하려 하였다. 옛 자유주의 신학과 종교사학파의 경우가 그 대표적인 예(例)이다. 과거 자유주의 학자들에 의해 수행된 탈신화화는 신화와 함께 케리그마도 제거해 버렸다. 그러나 불트만에 의하면, 케리그마란 신화와 나란히 혹은 별도로 존재하는 것이 아니라 신화 속에 내재해 있다. 따라서 탈신화화 프로그램의 결정적인 수단은 '해석'이 되어야 한다. 신화는 제거되는 것이 아니라 해석하고(interpretieren), 설명하고(auslegen), 이해해야(verstehen) 한다. 특히 불트만에게 있어 신화는 '실존론적으로 해석함'으로써, 다시 말해 신화의 의미를 '인간학적으로', 곧 인간 실존에 관한 것으로 폭로하는 일종의 해석을 수행함으로써 이해된다. 신화는 신들의 이야기이지만 '인간 실존에 대한 특정한 이해(bestimmtes Verständnis der menschlichen Existenz)'를 포함하고 있기 때문이다.

신화 일반에 대한 불트만의 실존론적 입장은 신약성서내의 신화에서도 동일하게 적용된다. 신약성서의 신화도 객관화되는 표상으로 검토될 것이 아니라, 이 표상에서 표현되는 실존 이해로 검토되어야 한다. 불트만은 신약성서에 있어 이러한 이해가 신화 자체에 의해 요구되고 있다는 사실을 명백히 하며 "신약성서 내부 도처에서 이미 탈신화화 작업이 수행되었다"고 말한다. 신약성서의 메시지가 오늘날에도 유효하려면 탈신화화 이외에 다른 길이 없다. 신약성서에 대한 올바른 해석은 옛 방식들처럼 신화를 제거하는 것이 아니라, 탈신화화를 통하여 과거의 세계관을 성서 속에서 분리해내어 깊숙이 감추어져 있는 복음을 드러내는 것이다.

이제는 불트만이 탈신화화 프로그램에서 중요한 관건으로 다루고 있는 "하나님의 행위, 즉 그의 사랑의 계시 사건인 그리스도 사건이 신화적 사건인가?"라는 문제를 고찰함으로써 우리의 논의를 계속해 보자.

불트만은 신약성서에서 그리스도 사건을 명백히 신화적 사건으로 소개하고 있다고 단호히 말한다. 문제는 그 사건이 신화적 사건으로 소개되어야 할지, 이미 탈신화적인 해석이 진행되고 있는 사건인지를 구분해야 하는 데에 있다. 그에게 있어 그리스도 사건은 그리스나 헬레니즘 신들을 대상으로 한

제의 신화와 같은 성격의 신화가 아니라는 점은 명백하다. 하나님의 아들이며 선재적 신적 존재인 예수 그리스도는 신화적 인물이지만 이와 동시에 구체적이고 역사적인 인간 나사렛 예수이다. 결국 그리스도 사건의 특징은 역사적인 것과 신화적인 것이 독특하게 얽혀 있다는 점에 있다.

여기서 우리는 'historish'와 'geschichtlich'를 구별해야 한다. 이는 캘러(M. Kähler)가 'Historie'와 'Geschichte'로 구별한 이래로 이중적 역사 개념을 구별할 때 흔히 사용되는 단어들이다. 일반적으로 'historish'는 '사학적'이라고 번역하며 객관적인 역사사실의 연구를 지칭할 때 쓰이며, 'geschichtlich'는 '역사적'이라고 번역하며 사건적 역사, 만남의 역사 혹은 참여의 역사연구를 지칭할 때 쓰인다. 다시 말해 전자는 객관적으로 재고해 볼 수 있는 역사적 사실들을 의미하고, 후자는 실존적인 의미에서 가능한 개념이다.

불트만은 그리스도 사건의 주제를 십자가와 부활에 집중하여 설명한다. 그에 의하면, 그리스도의 십자가는 신화적 사건이 아니라, 나사렛 예수의 십자가형이라는 사학적 사건에 근원을 둔 역사적 사건이다. 그러므로 신화적이 아닌 역사적 이해에서 사학적 사건은 구원 사건으로 나타나고, 순수한 역사적 이해는 사학적 사건을 그 의미성에서 파악한다. 사실상 신화적인 언어도 근본에 있어서는 사학적 사건의 의미성 외에 다른 것을 표현하려고 하지 않는다. 따라서 십자가의 사학적 사건의 본래 의미는 그것의 특유한 의미성에서 역사적 상황을 창조했다. 그러므로 구원 사건으로서의 십자가 선포는 청중들에게 이 의미를 자기 것으로 만들 것인지 혹은 거부할 것인지를, 또는 그리스도와 함께 자신을 십자가에 못 박을 것인지 말지를 묻는다. 즉 결단을 요구하는 부름말을 던진다.

불트만은 그리스도의 부활을 사학적 사건으로 보기보다는 그것의 의미성에서 이해하려 한다. 그에게 있어 부활은 예수의 십자가 사건에 대한 사실성보다는 의미성, 즉 세계에 대한 하나님의 심판, 다시 말해 사망의 세력을 꺾는 심판으로 받아들여진다. 따라서 그는 신약성서를 그리스도가 부활을 통하여 죽음을 멸하고 생명과 썩지 아니할 것을 밝히 드러냈다는 철두철미한 종말론적인 사건으로 해석한다.

그리스도 부활의 정당성을 사학적 기원에서 입증하고자 하는 것은 전적으로 잘못된 것이다. 불트만은 그리스도의 부활을 오직 '선포의 말'이라고 보았다. 그가 말하는 선포의 말은 우리가 그것의 합법성을 물을 수 없는, 오히려 그것을 믿겠는가 믿지 않겠는가 하는 물음으로서 우리와 만난다. 그래서 부활 사건에서 기인되는 선포의 말은 그대로 종말론적인 구원 사건에 속하게 되는 것이다. 다시 말해 선포의 말을 이해하면서 믿는 신앙이 진정한 부활절 신앙이며, 선포되는 말을 합법화된 하나님의 말씀이라고 믿는 것이 신앙이다.

이상에서 살펴본 바와 같이 불트만은 신화적 표상 이면(裏面)에 있는 그리스도 사건의 의미를 해석해 줌으로써 비신화화 프로그램의 본질적인 신학적 목적이 하나님 말씀의 부름말을 분명히 하는 데 있다는 사실을 보여 주었다. 이러한 관점에서 불트만 신학을 '말씀의 신학(Theologie des Wortes)'이라고도 부른다. 그에게 있어 신약성서의 핵심은 개개인을 부르고 변화시키는 하나님의 사랑에 관한 케리그마이다. 그러므로 십자가에서 죽은 자이자 동시에 부활한 자인 그리스도는 선포의 말에서 우리와 만나게 되는 것이지 다른 곳에서는 결코 만날 수 없다.

우리는 탈신화화 프로그램이 신약성서의 신화론적인 세계관과 현대 자연과학에 영향을 받은 세계관 사이에서 볼 수 있는 충돌에서 비롯되었으며, 불트만에 의해 그리스도 사건의 의미를 파악할 수 있는 방법론으로 발전하였음을 보았다. 그러나 탈신화화 프로그램이 실존론적 해석학이라는 불트만의 입장에 의해 움직이고 있다는 것을 잊어서는 안 된다. 실존론적 해석학은 불트만의 신학사상에 있어 그 근본을 형성하고 있는 줄기이다. 이제 우리는 그의 실존론적 해석학을 살펴보고자 한다.

③ 실존론적 해석학

불트만의 '실존론적 해석학'은 그의 신학적 작업의 한 부분이 아니라 전체에 해당하는 것으로, 한마디로 그의 신학은 실존론적 해석에 의해서 수행된다고도 말할 수 있다. 물론 올바른 해석학적 원리들, 즉 신약성서를 해석하는 방법에 대해서 질문하고 대답하는 원리들을 방법론적으로 숙고하는 것도 그의 신학작업의 한 부분일 수 있다. 그러나 전체로서의 신약성서에 대한 해석 그 자체는 실존론적 해석의 형태로 수행되기 때문에, 불트만의 실존론적 해석학을 그의 신학 전반을 포괄하는 방법론이라고 말한다.

불트만과 하이데거의 만남은 신학에 새로운 장을 마련하는 계기가 되었다. 불트만이 하이데거 철학을 선택한 것은 하이데거 철학이 그의 신학과의 연결점을 제공한다거나 기독교 신앙에 대해서 근친성을 가지고 있다는 것을 의미하지 않고, 개념적으로 인간의 실존을 가장 사실적이고 성실하게 해석하고 있다고 생각했기 때문이다. 자유주의 신학과 결별하고 변증법적 신학을 전개시켰던 바르트와 불트만에게 있어 무엇보다도 중요한 것은 '하나님의 말씀', 즉 케리그마라는 범주였다. 특히 불트만에게 있어 신약성서의 핵심은 개개인을 부르고 변화시키는 하나님의 사랑에 관한 케리그마였다. 무엇보다도 불트만은 신앙에 의한 현존재의 이해에 관한 물음에서 철학적으로 현존재를 분석하는 일에 관여한다. 이 경우에 있어 실존 또는 자기이해에는 현존재 분석이 밝히는 비본래적 실존이냐 본래적 실존이냐라는 두 가지의 가능성이 있을 뿐이다.

불트만은 하이데거 철학이 순수하게 인간 현존재에 대한 '존재론적 실존론적 분석(ontologisch existentiale Analyse)'을 계몽하는 형식적이며 중립적인 것이므로 '존재적 실존적 현존재 이해(ontisch materiales exitstentielles Daseinverständnis)'를 문제시하는 신학과는 어떠한 모순도 있을 수 없다고 말한다. 그러나 불트만에게 영향을 준 것은 어디까지나 하이데거의 인간 현존재의 존재론적 실존론적 분석이지 존재적 실존적 현존재 이해가 아니었다.

그러나 불트만에게 철학과 신학의 차이점은 분명하다. 철학은 '나'라는 인간 존재가 나에게 유일하게 속한다는 것을 보여 주지만, 그럼에도 불구하고 내가 유일한 실존이라는 것은 말하지 못한다. 이것은 신학의 영역이기 때문이다. 철학의 진정한 주제는 실존(existence)이 아니라 실존성(existentiality)이며 사실(the factual)이 아니라 사실성(factuality)에 있다. 즉 철학이 실존을 물을 수는 있지만 구체적인 실존에 대해서는 말을 걸지 않는다. 이에 비해 신학은 구체적인 인간 실존에 대해서 말을 한다. 그래서 불트만은 신학을 인간 실존 안에서 특정한 사건을 문제시하는 의미에서 '긍정적 학문(a positive science)'이며 '역사적 학문(a historical science)'이라고 부른다.

불트만에게 있어 신약성서에 대한 실존론적인 분석은 해석학적 방법론으로서 확실한 지위를 얻는다. 불트만은 학문적 주석에 있어 인간 실존의 적절한 해석 여부가 결정적으로 중요하다고 말한다. 곧 해석은 인간 실존의 실존론적 이해의 개념성을 위하여 노력해야만 한다. 그러므로 우리의 과제는 신약성서가 말하고자 하는 바를 올바르게 이해할 수 있는 해석학적 원리를 발견하는 일이다. 불트만의 공헌은, 신약성서가 다른 문서들과는 달리 나에게 특정한 실존 가능성을 제시해 주고 있다는 것을 분명히 한 점이다. 그러나 그것은 내가 마음대로 선택하거나 거부할 수 있는 것은 아니다.

신약성서는 인격적으로 나에게 향하는 말이며 실존 일반에 관하여 나를 가르치고 있을 뿐만 아니라 나에게 현실적인 실존을 제공해 주는 말이다. 그러나 그것은 미리 헤아릴 수 없는 가능성이지 나로 하여금 성서를 이해할 수 있게 하는 방법론적 전제는 아니다. 가능성은 오직 주체가 그것을 이해할 때에만 현실이 되기 때문이다.

따라서 불트만은 신약성서의 내용들이 인간 실존의 이해 가능성만을 강조하였고 결과적으로 항상 실존의 '본래성'과 '비본래성'의 대립이 문제가 된다고 본다. 그는 기독교적 실존을 본래적 인간 실존의 모습으로 묘사한다. 다시 말해 본래적 삶은 미래에 대해 철저히 개방하는 순간에 얻어지는 삶으로, 이러한 개방성이 인간 실존의 본래적 가능성이라는 말이다. 그런데 인간은 이러한 개방성을 항상 이미 포기해 왔고, 가능성으로서의 자기 자신을 이미 상실해 옴으로써, 세계인(das Mann)으로 퇴락하여 처분 가능한 존재로 살게 되었다.

불트만은 특히 신약성서에서 본래성을 지향하는 인간의 의지가 하나님의 사랑, 즉 은혜의 행위를 통해서만 가능하기에 우리 인간들은 아무런 자랑할 것이 없다고 말한다. 예수 그리스도 안에 있는 하나님의 은혜에 의해 인간은 자기 자신으로부터 해방되고 새로운 자아를 선물 받게 된다. 여기서 중요하게 부각되는 것이 '결단'이다.

설교는 '부름말(Anrede)'로서 결단을 촉구한다. 인간은 하나님의 은혜로부터 발생하는 새로운 삶을 받기 위해서 믿음의 결단을 한다. 이는 과거 사실에 대한 결단이 아니라 선포에 의해 '지금 여기'에 있는 의미에 대한 결단이다. 그래서 불트만은 역사의 의미를 항상 현재에서 찾고 있으며, 바로 이 현재가 기독교 신앙에 의해 종말론적인 현재로서 파악될 때, 역사의 의미는 실현된다고 말한다. 그러므로 매 순간은 종말론적인 성격을 지니게 되며, 기독교 신앙에서 마침내 실현된다고 말할 수 있게 된다. 불트만이 말하는 종말론은 역사의 목표로서의 의미는 완전히 상실되고 근본적으로 개인 존재의 목표로 이해된다. 그에 따르면 케리그마는 모든 현재를 종말론적인 현상이 되게 하므로 기독교적인 실존은 종말론적인 실존이 된다. 이와 관련하여 불트만은 역사 안에서 자기의 삶이 의미 없다고 비탄하는 자를 향해서 다음과 같이 말한다.

> 보편사 속에서 너 자신을 살피지 말라. 도리어 너는 자신의 개인적인 역사 속을 들여다보라. 항상 너의 현재 속에 역사의 의미가 있다. 그리고 너는 그것을 방관자로서 볼 수 있는 것이 아니라, 책임적인 결단에서만 볼 수 있다. 매 순간 속에 종말론적인 순간이 될 수 있는 가능성이 잠들고 있다. 너는 그것을 불러 일으켜야 한다.

요컨대 불트만은 신약성서의 해석을 인간 실존과의 관계 속에서만 거론할 수 있다는 입장을 견지하고 있다. 그러나 여기서 우리가 오해해서는 안 되는 사실이 있다.

실존론적인 해석이 독자와 성서의 실존적인 관계를 만들어 내는 것이 아니라는 점은 말할 필요도 없다. 실존론적인 해석은 오직 그를 폭로할 뿐이며, 성서의 진리에 근거를 제공하는 (begründen) 것이 아니라, 단지 이를 드러내고 이를 방해하는 방법이 무엇인지를 가르쳐 줄 뿐이다. 이와 동시에 선포에 근거를 제공하는 것이 아니라, 선포에 올바른 개념을 제공한다. 결국 이는 신앙에 근거를 제공하는 것이 아니라, 무엇이 신앙의 근거인지를 보여주고, 그럼으로써 신앙이 잘못 이해되는 것을 막아준다.

그러므로 불트만은 성서 해석에서 무엇보다도 인간 실존에 대한 이해가 중요하다고 말한다. 실존론적인 성서 해석은 인간 실존의 성서적인 이해를 밝히기 위해 인간 실존의 개별적인 현상들의 분석을 요구한다. 가령 사랑의 현상 같은 것을 서술한다고 해보자. 사랑에 대한 실존론적 분석이 내가 지금 여기서 어떻게 사랑해야 하는가를 나로 하여금 이해하게 하며 실천하게 한다고 생각한다면 그것은 오해이다. 실존론적인 해석에서는 내가 사랑할 경우에만 사랑을 이해할 수 있다고 보기 때문이다. 다시 말해 사랑을 인격적인 실존에서 해후되는 것으로 이해한다.

불트만은 신약성서를 해석함에 있어 실존철학을 도입함으로써 그의 실존론적인 해석학에 커다란 문제를 야기했다. 신약성서의 진술들을 인간 실존에 집중시켜 그 내용을 극단적으로 추상화시켰다는 비판을 받게 되었기 때문이다. 이와 함께 그는 개인의 실존에만 집착할 뿐, 전 세계의 장래를 전혀 고려하지 않았다는 지적도 받았다. 사실상 불트만에게 있어 신적 계시의 우주적 측면은 과소평가된다. 신약성서의 신적 계시는 창조에서 시작하여 시간적 종말의 세계완성으로 끝나는 보편사로 묘사되지만, 불트만은 이러한 긴 역사에서 아무것도 남기지 않고 오직 현재 속의 순간만을 남겨놓았다. 다시 말해 성서적 종말론의 우주적 보편주의를 개별적인 실존 속에 사유화(私有化)한 것이다. 뿐만 아니라 신학체계의 '형식적' 역할로써 실존철학을 수용하여 결과적으로 신약성서에서 신화라는 옷을 벗기고 실존철학이라고는 매우 난해한 옷을 입힘으로써 성서 이해에 새로운 걸림돌을 놓고 있다는 비판도 가해졌다. 결국 불트만은, 철학자에게는 신화론자로 보일 수밖에 없고, 구속사 신학자에게는 철학자로 보일 수밖에 없다. 그러나 무엇보다도 불트만의 실존론적 해석학을 겨냥한 가장 근본적인 비판은 언어의 문제를 소홀히 했다는 점일 것이다. 불트만은 언어보다 '객관화'에 중점을 두었으며, 이로 인하여 탈신화화 과정에서 신화의 언어가 다른 언어로 대치된다는 사실을 간과하고 말았다. 불트만의 제자들 가운데 훅스와 에벨링은 이러한 스승의 견해에 반기를 들고 '언어적 전환(linguistic turn)'을 감행하게 된다. 이러한 언어적 전환은 후기 하이데거 사상에서 비롯된 것이므로, 우리는 이 문제를 우선적으로 거론해야 한다.

## 후기 하이데거 사상

후기 하이데거(the Later Heidegger) 사상은 해석학에 대해 결정적이라 할 만큼 새로운 기여를 하였다. 하이데거는 자신의 사상이 바뀔 수밖에 없었던 필연성을 다음과 같이 말하였다.

> 나는 초기의 입장을 버렸는데, 이는 다른 것과의 교환을 의미하는 것이 아니다. 초기의 입장이 하나의 도상에 (in einem Unterwegs) 머물러 있는 단계였기 때문이다.

다시 말하자면, 하이데거는 방법론적인 면에서 더 이상 진전을 이루지 못하고 머물러 있는 초기의 입장을 극복하고자 하였다.

그런데 이러한 전환 내지 변화는 신학자들에 의해서 신학과의 연관성을 가지게 되었다. 후기 하이데거 사상에 가장 먼저 관심을 기울인 신학자들로는 오트(H. Ott)와 불트만 학파에 속한 훅스와 에벨링이 있었다. 하이데거의 저서 『존재와 시간』이 현존재의 실존적 분석을 통해 존재의 의미를 추구하려 했다면 『형이상학이란 무엇인가?』 이후의 후기 하이데거 사상은 존재가 자신을 부르는 곳으로의 탈존에 관해 언급한다. 뢰비트(K. Löwith)는 『존재와 시간』이 현존재로부터 존재를 사고하는데 반해, 후기 하이데거는 존재로부터 현존재를 사고한다고 평가하면서 전기와 후기의 불연속성을 지적한다. 이와 대조적으로 슐츠(W. Schulz)는 하이데거의 전환에 관해서 존재자의 존재를 추구한다는 점에서는 여전히 동일하지만 형이상학의 개념을 단념한 것에서 후기 하이데거의 특징을 평가했다. 오트는 슐츠의 해석을 따라 전기 하이데거와 후기 하이데거가 같은 의도를 가지고 있음에도 불구하고, 전기 하이데거의 『존재와 시간』에서는 존재자의 존재를 개념화시키는 형이상학적인 언어를 사용하고 있는 것에 비해 후기 하이데거에서는 형이상학적인 개념에 의한 현존재의 실존론적인 분석이 나타나지 않는다고 언급한다.

초기 사상이 집약되어 있는 『존재와 시간』이 출간된 이후에 하이데거 사상에 대한 몇 가지 오해와 의심이 제기되었다. '실존'에 대한 오해와 '세계-내-존재'는 초월을 부정하고 오직 현재성과 세속성만을 주장하고 있는 것이 아닌가? '불안의 대상은 무(無)'라는 것이 허무주의 내지는 불안의 철학이 아닌가? 존재와 신의 관계에 대한 무관심은 무신론적인 것이 아닌가? 후기에 들어 하이데거는 이에 대해 일일이 변증함과 동시에 횔더린(Hölderlin)과 니체(F. Nietzsche)에 대한 연구, 그리고 시인의 언어의 순수성에 집중하여 '언어'에 관한 새로운 해석을 시도하였다.

① 하이데거의 전환

하이데거에게 있어 주도적인 물음은 '존재에 대한 물음'이다. 이는 플라톤(Platon)과 아리스토텔레스(Aristoteles)로부터 중세 스콜라철학(Scholaticism)을 거쳐 근세에 이르기까지 가장 큰 비중을 차지했던 물음인 동시에 하이데거 역시 가장 내면적인 본질에 속하는 문제라고 생각하였다. 현존재의 실존론적인 기초 존재론은 다름 아닌 현존재의 존재 의미인 시간성의 지평 위에서 존재 일반의 의미를 해명하려는 의도에서 나온 것이다. 이미 살펴본 대로 우리는 이러한 입장을 『존재와 시간』의 입장 혹은 실존을 기반으로 한 존재추구라는 전기의 입장이라고 부른다. 『존재와 시간』의 목적은 존재의 의미에 대한 물음을 구체적으로 완성시키는 것이었다.

그러던 것이 『진리의 본질에 관하여』(1943), 『휴머니즘에 관하여』(1949)가 출간되면서 『존재와 시간』과는 다른 새로운 방법론적인 통로가 제시된다. 이곳에서 그는 존재의 빛 안에 서 있는 것을 인간의 '탈존(Ek-sistenz)'이라고 부르는데 이는 확실히 전기 때와는 다른 것으로 주관성을 포기하는, 즉 존재에서 현존재의 존재로의 방향전환을 의미한다. 한마디로 전기사상의 주저(主著)인 『존재와 시간』이 인간 실존의 구조에 대한 새롭고도 중요한 통찰을 주었다면, 하이데거의 후기사상은 인간다움과 존재의 빛이 언어 속에서 본질적으로 드러난다는 입장으로 전환하여 언어에 관한 토론으로 집약되기에 이른다.

전기에서 후기로의 방향 전환을 지칭하는 'Kehre'는 하이데거 자신이 사용한 것이다. 'kehre'를 영어 단어로 표현하면 대체로 3가지로 나눌 수 있는데, 'turning', 'reversal', 'conversion'이 그것이다. 이 중 하이데거는 아마도 'turning(전환)'이라는 의미로 이 단어를 사용하였을 것이다. 뢰비트(Löwith)는 하이데거의 'kehre'를 'Umderehung(역전)', 'Umkehr(전환)', 'Rückkehr(귀환)'이란 뜻으로 번역하는데 본 도서에서는 '전환'으로 번역한다. 우리는 하이데거의 전환에 관해서 두 가지 영역들로 나누어 정리해 볼 수 있다.

첫째, 초기 작품들이 '실존'에 몰두한 반면에 후기 작품들은 '존재'에 관한 토론이 중심을 차지하고 있다. 하이데거에 의하면 존재는 존재자에 예속된 것이 아니라 존재자를 존재자 되게 하는 것, 존재자를 존재시키는 것 그리고 그것으로 말미암아 존재자가 존재할 수 있는 존재자의 존재 근거이다. 하이데거의 관심사는 존재 의미에 대한 물음을 새롭게 설정하고 나아가서 존재의 의미를 해명하는 것이었다. 이러한 의미에 있어 존재는 존재자에 대해 완전한 타자이며, 그래서 존재는 존재자의 류(類)가 아니다. 존재는 모든 존재자를 넘어서 있으며 초월 그 자체인 것이다. 이러한 사상은 후기에 이르러 존재는 본질적으로 존재자보다 넓은 개념으로 발전한다. 왜냐하면 존재는 빛(Lichtung)이기 때문이다. 존재는 존재자 너머에 있지만 결코 존재자를 외면하는 것이 아니라 오히려 존재자의 면전에서 그 존재자들과는 전혀 다른 타자로서 존재하는 빛 자체이다. 또 존재자는 이 빛(Lichtung)에 의하여 비추어진 속에서 교통함으로써만 존재자일 수 있다. 오직 이 빛만이 우리 인간에게 우리들 자신이 아닌 존재자에게 이르는 통로를 마련해 준다. 이와 같이 존재는 존재자를 볼 수 있게끔 하는 빛 자체이며, 동시에 존재자에게로 나아가는 길을 열어 준다는 의미에서 항상 존재자의 존재라는 이중성으로 나타난다. 이러한 의미에서 인간의 사유는 존재에게 내맡겨져 있고 존재를 떠난 사유는 있을 수 없다. 단적으로 말해서 사유는 존재의 사유인 것이다. 사유가 존재에 속하면서 존재를 경청하는 한, 사유는 동시에 존재를 사유한다.

둘째, 초기 작품들은 과학적(scientific), 엄밀하게 말해서 현상학적(Phenomenological)인데 반해 후기 작품들은 대체로 보다 신비적(cryptic)이다. 때때로 그의 언어는 외견상 종교적(quasi-religions)이고 신비적(mystical)이다. 여기에서 존재에 대한 물음은 언어에 대한 물음과 직결되는데 사유는 존재의 사유이며 언어를 통해서 표현되기 때문이다. "언어는 존재의 집이다"라는 하이데거의 표현도 이러한 의미에서 사용된 것이다. 하이데거에 의하면, 언어는 인간의 행위나 심적 작용이 소리나 형상적 개념으로 묘사되는 것이 아니다. 본질에 있어 언어는 표현도 인간의 행위도 아니다. "언어는 인간이 소유하고 있는 도구가 아니다." "언어는 인간의 능력이 아니라, 오히려 존재의 집, 존재에 의해 세워지고 증축된 집, 존재가 그 안에 담기는 존재의 집이며, 인간은 이 집에 살면서 존재의 진리를 지키고, 존재의 진리에 속하면서 탈존하고 있다."

② 무와 존재

'형이상학'이라는 용어는 그리스어 'ta metphysika'에서 유래한다. 'meta'는 'trans'나 'über'로 전의(轉意)되었고, 이에 형이상학은 존재자 자체를 넘어 질문하는 물음의 명칭으로 해석되기에 이르렀다. 하이데거의 형이상학은 존재자 전체를 넘어 무(das Nichts)에 직면하는 초월적이고 유한적인 현존재의 존재 추구의 운동으로 성립하는 현존재의 형이상학이다. 하이데거에 따르면, 현존재는 그 본성에 있어 초월적이며 형이상학적이다.

그러나 건전한 지성은 무에 대한 사고를 거절한다. 무(無)는 무(無)이기 때문에 지성적인 물음의 대상이 될 수 없으며 논리적으로 대답할 수도 없다. 그러나 지성적 사고는 그 판단에 있어 부정성(Negativität)을 전제하고 부인(Verneinung)이라는 지성작용을 통하여 다음과 같이 무(無)를 정의할 수 있다.

곧 "무(無)는 존재자 전체를 부인하는 것이며, 단적으로 비존재자이다." "무는 존재자 전체에 대한 완전한 부인이다."

그러면 불안과 무와의 관계는 어떠한가? 하이데거에 의하면, 불안은 무(無)를 현시한다. 즉 무는 불안(不安) 안에서 현시된다. 현존재는 은폐된 불안을 근거로 무(無)속에 들어 있기 때문에 인간은 언제나 '종말에의 존재(Sein zum Ende)'이자 '죽음에의 존재(Sein zum Tode)'인 것이다. 그런데 이러한 현존재의 근원적인 유한성을 그것의 망각으로부터 드러내는 것이 무의 무화(Nichtung)적 현시이다.

예로부터 형이상학은 '무로부터 무가 생긴다(ex nihilo nihil fit)'는 명제를 정립하여 왔으나, 중세 가톨릭교회는 이에 반대하여 '무로부터 생기는 것은 피조물이다(ex nihilo fitens creatum)'는 기독교적 명제를 수립하였다. 그러나 여기서 무는 최고의 존재자(summum ens)인 신과 대조되는 개념으로 정립되었기 때문에 하이데거는 오히려 고대의 무에 대한 명제를 따라 '무로부터 존재자인 모든 존재자가 생긴다(ex nihilo omne ens qua ens fit)'라고 말하였다. 이와 같이 하이데거에 있어 무는 존재자의 존재에 귀속하는 것으로서 그 자신을 현시하는 것으로 보았다. 따라서 무는 본질적으로 존재로 있다. 그리고 무화(無化)하는 무란 결국 존재가 스스로 은폐하며 스스로 거부하는 것, 말하자면 존재의 숨겨진 본질을 말한다.

그러므로 후기 하이데거에게 있어 '무'는 '존재'로 대체되어 존재 그 자체가 된다. 하이데거 자신이 이러한 변화를 무(無)로부터 존재로의 전환(Kehre)이라고 특징지었다.

③ 존재와 언어와 시

『존재와 시간』에서도 '말하는 현상'으로서의 '대화(die Rede)'를 중요시하였지만, 언어 그 자체를 중시하지는 않았다. 그러나 횔더린의 『시에 대한 해석 *Erläuterungen zu Hölderins Dichtungen*』(1951) 이래로, 하이데거는 언어를 자신의 철학적 사유의 기초로 드러낼 뿐만 아니라 철학을 위한 언어의 근본적인 기능에 주목한다. 언어는 인간의 삶과 그의 세계에 대한 '이해'의 지평이며 인간과 철학은 그 지평 안에서 움직이고 있다. 이러한 사유와 언어의 본질적인 관계는 『휴머니즘에 관하여 *Über den Humanismus*』(1949)와 『언어에의 길 *Unterwegs zur Sprache*』(1959) 등에서 더욱 분명해졌다. 여기서 그가 주목한 것은 아직 형성되지 못한 것(das Ungeformte)이 언어적인 형성을 통하여 현실화한다는 점이다.

위에서 언급한 것처럼 하이데거에 의하면 언어는 존재의 집이다. 그리고 인간은 언어라는 집 속에서 살고 있다. 다시 말해서 언어 속에서 인간다움과 존재의 빛이 비로소 본질적으로 드러나서 개방되며, 이 때 존재와 인간의 관계는 언어에서 교차하게 된다. 즉 언어를 사이에 두고 한쪽에는 인간이 또 한쪽에는 존재가 있으며, 인간은 그 중간인 언어 속에서 살게 되고 존재는 언어로 깃들여 오게 되는 것이다. 그러므로 언어는 존재의 집인 동시에 인간 존재의 거처이다. 하이데거에 의하면 이 집의 파수꾼은 다름 아닌 사유인(Denkenden)이고 시인이고, 사유는 그의 책 제목이 시사하듯이 『언어에의 길 Unterwegs zur Sprache』(1959)이다. 그에게 해석학적 철학은 더 이상 하나의 이론이 아니라 해석 자체를 위한 수단으로 여겨진다. 그리고 이러한 해석학적 철학의 초점은, 실존의 이해라기보다는 언어를 이해하는 견지에서, 혹은 더 나아가 실존 내부에서부터 우리에게 말을 걸어오는 언어의 견지에서 실존 자체를 이해하는 데 있다. 언어는 객관화로 생각될 수 없이 그 자체로 우리에게 말하는 것이다. 다시 말해 구문은 저자의 의도에서 검토되는 것이 아니라 그 자체로서 우리에게 말을 걸어오는 이에 대해 우리의 말로 대하는 구문 안에 담겨 있는 주제라는 점에서 검토되어야 한다. 그러므로 인간의 본성 자체는 언어적인 것이라고 정의해야 한다. 인간은 존재가 주장하는 바에 대답함으로써, 즉 말로 응답함으로써 존재한다. 이처럼 존재는 언어화에 의해서만 자신을 드러내게 되므로 존재는 자기 스스로를 비치면서 언어로 된다. 다시 말해 언어는 인간이 자연스럽게 처리할 수 있는 도구가 아니라 인간 존재의 최고의 가능성을 좌우하는 사건(Ereignis)인 것이다. 본질에 있어서도 언어는 하나의 표현이거나 행위가 아니다. 그것은 어디까지나 말이 말을 한다는 차원에서 새롭게 이해되어야 한다. 이러한 하이데거의 사상이 훅스와 에벨링의 언어 해석학에 지대한 영향을 미친 것은 두말할 나위가 없다.

하이데거에 의하면 언어가 있는 곳에 세계가 있고 세계가 있는 곳에 역사가 있다. 이것은 인간이 역사적인 것으로 존재할 수 있다는 것을 보증한다. 후에 가다머는 '언어로 유입되는' 존재의 동기를 더욱 발전시켜 "존재는 스스로를 개방함으로써 언어에로 가까이 간다"고 말한다. "세계에 대한 언어의 관계로부터 언어의 특수한 사실성이 나온다. 사실성의 내용은 언어 속으로 유입되며" 언어 밖에는 아무런 세계도 없다. 언어가 있기 때문에 비로소 인간에게는 존재자의 중심에 설 수 있는 가능성이 주어진다. 오직 인간만이 언어를 소유하고 있기 때문이다.

특히 시인은 온갖 정력을 쏟아 사고를 전개하여 존재를 언어로 옮기는 일을 한다. 시는 곧 그의 노력의 산물이다. 하이데거는 '시의 활동영역이 언어라는 점을 중시하여 시의 본질을 언어에 의한 존재의 건설'이라고 보았다. 다시 말해 언어의 본질에서 파악하지 않으면 안 된다고 보고 '시 자체가 언어를 가능케 한다'라고 말한다. 하이데거에 있어 존재의 사고와 시적 사고는 동일한 것이다. 그에 의하면 "사고(思考)는 시작(詩作)이다. 존재의 사고야말로 시작의 근원적인 태도이며 사고는 원시적(Urdichtung)이다. 따라서 모든 시작(詩作)은 그것이 여하한 형태를 취하고 있다 할지라도 그 근저에 있어서는 하나의 사고(思考)에 불과하다." 하이데거에 있어 시작이란 '사유하면서 시작함(denkendes Dichten)'을 가리킨다.

그러면 시란 도대체 무엇인가? 이러한 물음은 시인의 본질에 대한 물음인 동시에 하이데거에게 있어서는 근본적으로 인간의 본질에 대한 물음이다. 하이데거는 휠더린이 시작과 시인의 존재에 관해서 한 말을 인간 존재의 본질, 즉 지상에서 거주하는 인간을 의미하는 말로 해석하고 받아들인다. 그에 의하면 '인간은 지상에서 시인으로 거주한다.' 이에 하이데거는 시인은 귀향(Heimkunft)의 노래로써 동시대인을 일깨워 시인적인 삶의 터전인 고향으로 불러들여야 한다고 말한다. 그러므로 시인은 그 사명을 다하기 위하여 스스로 귀향하는 자가 되어야 하며, 이를 위해 참된 사고를 할 줄 알아야 한다. 이와 같이 하이데거는 시 정신의 의의를 인간으로 하여금 본향으로 돌아오게 하는 것으로 본다.

이렇게 시는 언어에 의해 수립되며, 사고하는 것은 다름 아닌 시작(詩作)의 근원적인 방법이다. 그렇기 때문에 시와 사고는 서로를 필요로 하는 것이며 양자는 밀접한 관련을 가지게 된다. 이와 관련하여 하이데거는 다음과 같이 말한다. "사유하는 사람은 존재를 말하고(sagen), 시인은 성스러운 것을 명명한다(nennen)." 사유인과 시인은 존재의 집을 지키는 파수꾼이다. 사유인과 시인은 존재를 지켜야 하고, 시인의 시작적(詩作的)인 면과 사유인의 사고적인 면이 교차하는 데서 시작적(詩作的)인 사고로서 존재의 진리가 열리게 된다. 따라서 하이데거의 철학을 시와 철학을 종합한 시적 존재론(die poetiche Ontologie) 또는 존재론적 시학(die ontologische Poesie)이라고도 말할 수 있다. 이러한 하이데거의 입장에서 보면, 오히려 철학자는 시인으로부터 배워야 한다.

④ 존재와 시와 신

하이데거에게 무엇보다도 중요한 것은 존재와 신의 관계이다. 신은 존재와 미묘한 관계를 가지면서 시인을 통하여 인간과 접한다. 하이데거는 시인이 지시자(Zeigende)로서 인간과 신들 사이에 서 있다고 말한다. 이미 우리는 그리스어 동사 '헤르메뉴에인(Ἑρμηνεύειν)'이 헤르메스(Hermes) 신과 연결될 수 있다는 사실을 살펴보았다. 'Hermes'는 신들의 사자(使者)로서 신들과 인간 사이에서 운명의 메시지를 중계하는 역할을 하였다. 그러므로 시인은 인간과 신의 중간에 있으면서 신의 뜻을 인간에게 전달한다.

이미 우리가 살펴본 대로 하이데거에게 있어 시는 '순수하게 언표(言表)된 것'으로, 그것은 언어의 본질이 시에서 가장 순수하게 드러난다는 뜻이다. 존재의 집으로서 언어는 인간 존재를 본질적으로 드러내지만, 그 본질은 우리가 매일 사용하는 일상적인 통용어의 본질이며 우리의 일상적 현실 자체의 본질이기도 하다. 그러므로 시인은 아주 진실하게 그의 사고를 전개하여 존재를 언어로써 표현하여 드러내는 일을 한다. 마치 헤르메스 신이 신들과 인간의 중간에 위치하여 메시지를 중계하는 것처럼, 시인은 신들의 현존과 세계의 현상 사이에서 언어가 말을 하도록 함으로써 인간 존재의 본질을 드러낸다. 이렇게 보면 하이데거 철학에 종교적 경향이 농후한 것처럼 느껴지고 마치 어떤 신적 존재를 전제하고 있지 않는가 하는 생각을 하게 된다. 그러나 하이데거의 강조점은 다른 데에 있다. 하이데거가 신에 관해서 사유하는 과정은 다음의 인용문을 통해서 관찰할 수 있다.

> 오직 존재의 진리로부터 거룩한 것의 본질이 사유될 수 있다. 오직 신성한 것에 대한 본질의 빛에서 '신'이라고 부를 수 있는 단어가 사유될 수 있고 말하여질 수 있다.

하이데거가 사용한 '신이라고 부를 수 있는 단어'가 어떤 특정한 신을 상정한 것은 아니다. 이것은 존재의 진리로부터 출발하여 거룩한 것을 거쳐 신성한 것 안에서 신이 열려진다는 과정을 말한 것에 불과하기 때문이다. 말하자면 존재의 진리는 철학자가 사유하고 신성한 것은 시인이 찾는 것이다. 그러므로 오직 신이 있는 곳에 신성한 것이 있고, 오직 신성한 곳에서만 신을 찾을 수 있다. 결국 신성한 것을 찾는 것은 시인의 일이 된다. 따라서 신성한 것은 존재의 진리 속에서 사고(思考)되는 것이므로 존재의 진리 속에서 신이 발견된다는 것은 당연한 이치이다.

이와 같이 신의 존재를 전제하는 하이데거가 무신론자라고 불릴 수 있는 것은 다음과 같은 의미에서이다. 하이데거에 의하면, 신의 배경에 존재의 진리가 밑바탕을 이루고 있어야 함에도 불구하고 철학자와 시인이 협동하는 가운데 신은 발견된다. 형이상학은 일방적으로 최고의 존재자라는 고정화된 신의 개념을 성립시키고 있으므로 존재의 바탕이 없는 신은 신으로 보지 않는다. 그러한 신에게는 기도할 수도, 헌신할 수도 그리고 무릎을 꿇거나 음악을 연주하며 춤을 출 수도 없기 때문이다. 이러한 점에서 하이데거가 신을 부정했다면 그것은 형이상학적인 신을 거부한 것이 분명하다. 하이데거가 말하는 신은 존재와의 상호관계에 있어서 존재의 진리가 그 밑바탕이 되어 있는 신만을 말한다. 다시 말해 그에게 있어 신이란 존재의 진리에 바탕을 두고 있는 신이다. 여기서 우리는 존재가 신을 볼 수 있는 하나의 터전을 마련해 주는 것임을 분명히 알 수 있다. 이러한 까닭에 하이데거는 신을 직접적으로 문제 삼기보다 오히려 존재를 우선적으로 문제 삼지 않을 수 없게 된다. 신을 찾아볼 수 있는 터전이 되는 존재가 밝혀진다면 신은 자연히 혹은 필연적으로 드러나게 되기 때문이다.

이처럼 하이데거는 신을 문제 삼기보다는 신을 찾아볼 수 있는 터전을 밝히는 것에 집중하므로 존재문제와 존재에 우선적으로 관심을 갖는다. 그러므로 신을 볼 수 있는 마음의 준비와 터전이 되는 존재의 지평을 찾는 것이 우리에게 보다 선행되어야 할 문제이며 이러한 의미에서 존재는 우리에게 가장 가까이 있다. 그러나 그 존재에게 향하여 탈존하는 것은 실존적으로 가장 힘든 일이기에 "이 가까움은 인간에게는 가장 멀리 있다"고 말한다. 다시 말해서 신을 보기 위해서 먼저 존재를 밝힐 필요가 있기 때문에 존재는 우리에게 가장 가까우며 절실한 문제인 동시에 그러한 일을 수행하는 것이 가장 힘든 일이기 때문에 가장 멀리 있는 것이다. 존재와 신의 관계는 존재 자신이 진리의 빛으로서 비추일 때 성스러운 것이 열리게 되며, 성스러운 것이 열릴 때에 신의 본질의 장소가 드러나게 되고 그곳에서 신은 우리에게 도래한다. 그러므로 존재는 분명히 신은 아니다. 다만 그 속에 신의 기대와 대망을 간직하고 있는 지평이라고 할 수 있겠다. 말하자면 신을 찾아볼 수 있는 터전이 되는 지평이 존재의 영역이다. 하이데거가 신을 존재자의 하나로 본 것은, 존재가 존재자를 비추는 곳에서 존재자가 존재자로서 나타날 수 있는 것과 마찬가지로, 신도 존재의 빛의 영역에서만 볼 수 있는 것이기 때문이다. 그러나 하이데거에 의하면 신은 존재자일 뿐만 아니라 존재자 중에서 최고의 존재자이다.

그럼에도 불구하고 기독교적인 관점에서 볼 때 하이데거의 신 이해는 커다란 문제점을 가지고 있다. 하이데거는 인간이 존재를 사유함으로써 신을 볼 수 있다고 생각하지만 신이 만물을 창조하고 지배한다는 신앙은 결여되어 있다. 즉 하이데거에게 있어 초월적이고 피안적인 창조적 신의 그림자는 전혀 보이지 않는다. 다만 지상의 차안적이며 유한적인 인간 실존을 통하여 밝혀지는 존재의 사실만이 남아있고 신은 이에 상응할 뿐이다. 기독교의 신은 영원불변하며 초월적이고 인격적이며 계속적인 창조행위를 수행하는 살아있는 분이다. 하이데거의 경우처럼 존재가 말해지는 곳에서 기독교적인 창조성이나 인격성은 찾아볼 수 없다. 다만 존재의 사실성만이 그리고 본래적 자기로서의 결단성만이 자각되고 인식될 뿐이다.

# 4. 새로운 해석학이란 무엇인가?

　해석학적인 문제가 현대 신학의 중심 주제 가운데 하나가 되면서 새로운 해석학(the New Hermeneutic)은 많은 논의를 불러 일으켰다. 이 명칭은 제임스 로빈슨(James M. Robinson)과 존 캅(John B. Cobb)에 의해 편집된 <새로운 신학의 선구자들 New Frontiers in Theology>이라는 시리즈 중에서 제 2권으로 출판된 『새로운 해석학 *The New Hermeneutic*』에서 비롯되었다. 훅스와 에벨링에 의해 제기된 새로운 해석학을 그 이전의 해석학(Hermeneutics)과 구별하기 위하여, 로빈슨과 캅은 단어의 마지막에 있는 's'자를 삭제하고 'New'란 단어를 첨가하여 'New Hermeneutic'이라고 명명함으로써, 해석학의 새로운 흐름을 학계에 소개하는 데 큰 역할을 하였다.

## 새로운 해석학의 발단

오늘날의 신학자들이 '해석학적' 문제가 기독교 신앙과 신학에 직접적으로 관련된다는 점을 밝혀냄으로써 해석학은 현대 신학의 중심적인 주제들 중 하나가 되었다. 그 중에서 특히 새로운 해석학에 관한 토론이 활발하게 전개되어 왔는데, 새로운 해석학은 슐라이어마허와 딜타이, 그리고 하이데거(전기사상과 후기사상)와 불트만의 해석학에 뒤이어 나타났다. 과거의 해석학적 방법론들을 새로운 해석학과 연관지음으로써 새로운 해석학의 사상적 과정들과 단계들을 살펴보기로 하자.

현대 신학의 아버지라고 부르는 슐라이어마허는 또한 현대 해석학의 아버지이기도 할 만큼 현대 해석학에 지대한 영향을 미쳤다. 그래서 슐라이어마허는 '새로운 해석학의 위대한 창시자'라고 불리기도 한다. 슐라이어마허는 해석의 모든 행위에 기초가 되는 이해의 문제를 거론함으로써 해석학에 코페르니쿠스적인 혁명을 가져다주었다. 그러면 새로운 해석학에 있어서도 슐라이어마허가 중요한 위치를 차지하고 있는 것은 무엇 때문일까?

슐라이어마허는 '이해'와 '전이해'를 해석학의 과제로 삼았다. 그에게 있어 이해되는 것은 이미 알고 있는 것을 이해하는 것뿐이라고 생각하였다. 모든 어린 아이는 오직 해석학을 통해서만 한 단어의 의미에 도달한다. 즉 어린 아이는 그가 이미 알고 있는 단어에 새로운 단어를 연결시키기를 시도하는데 이것이 실패한다면 그 새로운 단어는 아무 쓸모없게 된다. 그러므로 슐라이어마허에 의하면, 새로운 이해를 위하여 전이해가 필요하며 이것은 해석학적 순환으로 전개된다. 특히 슐라이어마허의 심리적 해석학은 원 저자 자신의 의식을 특징 지워주는 사고와의 내적 연결성에 대해서 관심을 일깨웠다는 점에서 해석학사에 일대 전환이라고 할 수 있다. 슐라이어마허에게 있어 언어는 사고와 표현을 위한 근거이며 텍스트는 사고의 직접적인 표명이 될 수 없다. 따라서 해석은 저자의 정신적 과정을 재구성하기 위하여 언어를 면밀히 조사하며 언어를 초월해야 한다. 그러므로 슐라이어마허의 관념론적 해석학조차도 원 저자와의 내적 연관성을 말하고 있다는 점에서 생철학(Lebensphilosophie)의 범주에 속한다고 볼 수 있다. 생철학적 발전이란 사변적 사고에서 현실적이고 역사적인 삶과 체험으로 전환하는 것을 의미한다. 생철학의 기초 위에서 정신과학적인 방법론으로 해석학을 완성한 사람이 슐라이어마허의 후계자라고 평가받는 딜타이이다.

딜타이에 있어 삶은 스스로 해석된 것이며 그 자체로 해석학적인 구조를 지닌다. 다시 말해 딜타이는 슐라이어마허의 심리적 해석학의 기초를 극복하고 진정한 삶의 문제라는 정신과학적인 방법론을 제기하였다. 「정신과학에 있어서의 역사적 세계의 구성 Aufbau der geschichtlichen Welt in den Geisteswissenschaften」에서 딜타이는 세 가지의 주요 개념, 즉 체험, 표현, 이해라는 해석학적인 공식을 설명한다. 그는 느낌(Fühlen), 의지(Wollen), 사고(Denken)라는 초기의 심리학적 개념과는 다른 변화된 이해의 개념만을 순수한 해석학적 범주로 규정하였다. 이로써 이해는 해석학에 있어서 학문적 위상을 가지게 되었다. 딜타이에게 있어 삶의 역사는 정신과학의 특수한 사고 및 인식 형태를 위한 모형을 제공해 주고 있는데, 이러한 해석학적 자기 성찰에서 얻어지는 중요한 결론들을 다음의 5가지로 요약할 수 있다.

① 삶의 역사의 전체성에서 출발하는 자기인식의 과정은 삶을 구조체(Strukturgefüge)로 파악하며, 이 구조체의 본질적 요소들은 특수한 의미연관성(Bedeutungszusammenhang)을 형성한다.
② 삶의 역사의 전체와 부분의 의미를 결정하는 특정한 삶의 이해의 의미 구조는 인간의 삶의 경험과 함께 변화한다.
③ 개인의 역사성은 개인의 자기이해와 개인의 세계관의 역사성, 다시 말하면 세계관의 변화성을 규정해 준다.

④ 개인적 삶의 역사성과 개인적 세계 이해의 역사성은 정신과학의 역사적, 개인적 구조를 규정하게 한다.
⑤ 정신과학의 명제와 이론은 특정한 역사적 맥락 내에서만 이해가 가능하다. 따라서 정신과학은 역사적, 상대적 효용성을 지닌다. 결국 정신과학적인 해석과 분석은 구조면에서 볼 때 잠정적이며 미완성이기에 원칙적 수정을 요하게 된다.

그리하여 딜타이는 이상의 해석학적 제(諸)절차의 마지막 목적에 대해서 "원저자가 스스로를 이해한 것보다 그를 더 잘 이해하는 데 있다"고 하였다.

슐라이어마허와 딜타이의 해석학적 방법론의 뒤를 이은 불트만은 탈신화화에 기초한 실존론적 해석학을 제기한다. 불트만에 의하면 해석이란 언제나 특정한 물음을 설정하는 것에 의해 유도됨으로써 전(前)이해에 의해서 가능한 것인데, 전(前)이해란 선입견과는 구별되는 것이다. 그는 딜타이의 견해에 따라 올바른 이해는 저자와 해석자가 진술 및 물음 속에서 동일하게 만나는 내용에 대한 삶의 관계를 가질 때에만 비로소 주어진다는 입장을 견지한다. 이후 하이데거의 실존철학의 영향으로 성서 본문에 대한 탈신화화 프로그램을 통한 인간 실존의 이해 가능성에 대해 관심을 갖는다. 그에 의하면 성서에 대한 학문적인 주석은 인간 실존의 실존론적인 이해의 개념성을 위하여 노력해야 한다. 따라서 그의 실존론적 해석학은 신약성서의 신화론적인 언어의 중요성을 드러내려는 의도가 포함되어 있으며 그의 탈신화화 프로그램은 그리스도 안에서 행하신 하나님의 행위를 유일회적인 구원 사건으로 해석한다.

그의 문제는 역사 비평적 방법에 의해서는 결코 대상화할 수 없는 하나님의 구원 사건인 역사적 예수를 도외시하였다는 점이다. 불트만은 케리그마를 '예수의 선포'가 아니라 성육신하여 십자가에 못 박혀 죽고 3일 만에 부활한 '예수에 대한 선포'로 이해한다. 그리하여 현대인을 위한 예수의 선포와 기독교 공동체의 선포 중 어느 것이 중요한가라는 문제가 야기되었다. 불트만이 케리그마에 집중하여 예수의 선포와 초기 기독교 공동체의 예수에 대한 선포가 불연속성을 가지고 있다는 점을 강조한 반면, 새로운 해석학은 불트만의 견해에 반대하여 케리그마의 배후에 주목한다. 결정적으로 후기 하이데거 철학의 영향을 받아 언어를 인간 존재의 최고의 가능성을 좌우하는 사건으로 파악하여 언어 신학적 해석학을 구축하였다.

하이데거의 과제는 존재에 대한 철학적 물음과 관계가 있다. 그는 존재의 전망(perspective)으로부터 언어에 도달하는 한편 언어의 실재로부터 존재에 도달하려 한다. 후기에 이르러 '구름이 하늘의 구름인 것처럼 언어는 존재의 언어이다.' '언어가 말하고' 그리고 '인간은 오직 언어에 대해 응답하는 것으로써만 말한다'라고 주장함으로써 하이데거는 언어를 단순히 '표현'이나 '인간의 행위'로 정의하기를 거부한다. 이제 언어는 존재의 집이며 인간 존재의 거처가 되고 현존재는 오직 언어와 더불어 언어 안에서만 발견된다. 그러므로 언어는 단순한 도구가 아니라, 오히려 인간 실존의 최상의 가능성을 드러내는 사건이 되는 것이다. 무엇보다도 하이데거는 사건적 언어가 사고의 근거를 넘어서는 존재의 근거라고 믿었다.

하이데거에 있어 언어는 존재론적인 의미를 가지고 있으므로 인간은 언어가 말을 하는 곳에 그 자신을 놓음으로써 자신의 존재를 드러내야 한다. 이와 연관하여 에벨링은 이해의 영역에서 일차적 현상은 언어의 이해가 아니라 언어를 통한 이해라고 말한다. 이해가 말들에 대한 성찰만이 아니라, 오히려 말들을 통한 하나의 사건으로 이룩되는 것이기 때문이다. 그러므로 새로운 해석학은 언어를 통하여 사건을 이해한다. 다시 말해 신약성서가 제시하고 있는 복음을 언어 사건 혹은 말 사건으로 이해하고 있는 것이다.

이처럼 새로운 해석학은 하이데거가 실존주의에서 존재론으로 전환한 것처럼, 불트만식의 실존론적 해석학을 비판하고 언어의 해석학적 의미를 재발견하는 데에 그 의의가 있다. 그들은 인간의 언어가 존재의 원초적 근거가 된다고 생각하여 하나님 말씀의 해석학적인 매개물로서 선포의 말씀을 중요시하였다. 역사는 언어를 통해서 표현된 존재의 역사인 까닭에 근본적으로 언어의 역사이다. 하나님의 말씀이 우리에게 임한다는 것은 참된 언어의 임재, 특히 예수의 사랑에 대한 언어의 임재로 이해될 수 있으므로 예수야말로 '언어 사건'이라고 말할 수 있다. 훅스와 에벨링은 이러한 해석학을 성서의 텍스트에서 현대의 선교적 선포에 이르는 하나님 말씀의 흐름을 이해하는 이론이라고 정의한다. 그러므로 새로운 해석학은 예수의 본래적 언어, 곧 신앙의 언어로 되돌아가야 한다고 주장한다.

### 언어와 새로운 해석학

대화를 한다는 것은 말을 주고받음으로써 이해의 폭을 넓히는 것이다. 이런 의미에서 이해는 생생한 '대화'이다. 엄밀히 말해서 고유하고 명확한 이해는 언제나 대화의 과정이다. 대화는 언어를 매개로 언어의 지평 안에서 움직인다. 그러므로 우리의 이해도 언어를 매개로 움직이며, 언어의 지평 안에서 성취된다. 가다머에 의하면, 이해의 매개체인 언어는 이미 그 안에 이해 자체가 실현되어 있는 보편적 매개체이다. 따라서 언어적인 표현에서 발생하는 문제들, 즉 언어 의미의 다양성, 텍스트 언어와 해석자 언어의 차이, 언어의 역사성 등은 모두 이해의 문제가 된다. 따라서 이해와 언어는 불가분의 관계이며 실제로 해석학적인 이해 현상은 사유와 언어의 본질적인 통일관계에 근거하고 있다.

결국 모든 이해는 해석이고 모든 해석은 엄밀히 말해서 대화인데, 이는 결국 질문과 응답의 변증법적인 과정이다. 여기서 우리는 이해의 현상이 언어를 매개로 실현되는 하나의 역사적인 '삶의 관계(Lebensverhältnis)'라는 것을 알 수 있다. 그러나 이해와 언어와의 관계에서 기억해야 할 것은, 이해가 수동적인 묘사라기보다는 창조적인 것처럼 언어도 고정적인 형식으로만 생각해서는 안 된다는 점이다. 언어는 단순히 고정적인 형식들의 구조가 아니라 그 자체가 창조하고 성취하는 힘이다. 언어는 객관적인 세계를 우리 삶의 세계로 재창조하는 '에네루기아'인 것이다.

새로운 해석학에서도 언어는 단순한 담론(Rede)이 아니라 활동적인 의미를 갖는다. 에벨링도 언어의 창조적 과정을 깊이 숙고하여 "언어에 있어 창조성은 근본적으로 그 언어를 사용하는 사람들에게서 기대되는 어떤 것(something)을 주목하도록 한다"고 말하기도 하였다. 훅스에게 있어서도 언어란 단순한 구술적인 말의 행위가 아니라, 오히려 '보여주는 것

(showing)' 또는 '보이게 하는 것(letting be seen)'을 의미한다. 훅스가 그의 해석학에서 주로 강조한 것도 언어이며, 이 점에 있어 그는 스승인 불트만보다 앞선다. 그는 다음과 같이 말한다.

> 물론 언어는 인간에게 향하여 있고 존재는 실존과 관계되어 있다. 여기서 나는 불트만과 일치한다. 그러나 다른 한편 존재와 인간은 언어에게 향해져 있다. 이것을 확대하면 우리는 하나님에게, 인간은 언어에 향해져 있다. 다시 말해서 우리는 하나님에게 관계되어 있다. …… 말의 책임은 이미 언어 안에 존재하고 있는 것이지, 언어 밖에 있는 것이 아니다. …… 언어는 사고의 약어(abbreviation)가 아니라, 사고가 언어의 약어이다. 언어는 선물이다. …… 불트만처럼, 나는 한 인간이 '그의 재량으로'부터 신앙을 가질 수 있다는 점을 부정한다. 이성은 실존의 현실성 안에 존재하는 것이 아니라, 그보다 먼저 하나님의 말씀에 관한 신앙에 의존해 있는 것이라고 본다. …… 그러므로 나는 한 걸음 더 나아가서 실존의 언어성으로 실존의 역사성을 나타내 보이는 바이다."

이 점에서 술어 'Hermeneutic'은 '신앙의 언어론(faith's doctrine of language)'이 되면서 새로운 해석학의 또 하나의 특징을 이루게 된다. 언어가 삶을 위한 실존적 결단의 차원에서 우리에게 향할 때 존재는 언어로부터 나타난다. 신학에서 해석학은 진실로 '하나님의 말씀에 대한 이론(Ebeling)' 이외에 다른 것이 아니다. 즉 해석학은 신앙의 언어론(Sprachlehre des Glaubens)이며, 하나님의 말씀에 대한 신학적 이론은 성서 언어의 지평에 있어서 존재에 관한 질문이다. 새로운 해석학에서도 신앙의 언어론은 하나님의 말씀에 대한 이론으로서 신약성서에 나타난 언어를 통해서 존재를 파악하는 데 그 특징이 있다. 새로운 해석학은 후기 하이데거 사상에서 말하는 언어의 주제가 존재라는 점을 받아들였다. 훅스는 후기 하이데거에게서 언어와 존재의 밀접한 관계를 배워 거기에서 실증적 신학(a positive theology)의 가능성을 발견하고 '언어의 기독론적인 이해'로 발전하여 나갔다. 그에게 있어 언어를 하나의 표상이나 의미로 이해하는 것은 언어에 관한 본질적인 이해가 아니다.

무엇보다도 훅스는 '예수의 사랑의 언어'속에서 본래적인 언어를 발견한다. 이를 기초로 에벨링은 '예수야말로 신앙의 언어를 판단할 수 있는 시금석의 구체화'로 보았고 '예수와 깊이 관련되어 있는 사랑도 신앙의 언어에 대한 시금석'이라 하였다. 그러므로 신앙의 언어에서 가장 본질적인 요소는 예수이다. 예수는 매개되는 사랑에 의하여 신앙의 언어와 조화를 이루게 된다. 따라서 에벨링은 언어의 과정 자체의 근본적인 의도는 사랑의 수행이라고 말한다.

훅스는 「요한복음」 서언을 해석하면서 신학적 언어의 중심적 기능을 설명하고 있다. 그는 「요한복음」 1장 1절에 대한 『파우스트』의 유명한 번역, 즉 "처음에 행위가 있다"라는 말을 인용하며 논의를 시작한다. 이것은 「요한복음」 13장 34절(사랑에 대한 '새 계명')에 근거하여 "처음에 사랑이 있었다"로 정정되었고, '사랑'은 다시 「요한1서」 4장 16절의 "하나님은 사랑이시다"에서 '데오스'로 번역된다. 그래서 훅스는 전체적으로 「요한복음」 1장 1절을 다음과 같이 번역하였다. "처음에 말씀이 있었고, 그 말씀은 사랑과 함께 있었으니, 그 말씀은 사랑이었다." 결국 훅스는 언어 사건을 재구성한 것이다.

그러면 새로운 해석학이 중심적인 주제로 다루고 있는 신앙의 텍스트인 예수에 관해서 알아보자.

### 신앙의 텍스트인 예수

에벨링은 불트만의 견해에 반대하여, 복음서 형성에 결정적인 영향을 준 신학적 동기는 '역사적 예수'라고 주장한다. 그에 의하면, 신앙과 예수의 일치는 타자를 위한 존재인 신앙의 증인으로 표현되며 예수를 만나는 것은 신앙의 증인을 만나는 것과 일치한다. 예수는 신앙의 근거이며, 예수를 믿는 자들은 예수의 증인이자 신앙의 증인이 된다. 기독교 신앙은 예수로부터 유래된 신앙이며 예수에게서 자료와 근거를 갖는 신앙이기에 예수에게 의존하는 신앙이라고 말한다. 그러므로 예수는 신앙의 텍스트가 된다.

그러나 복음서 형성의 배후를 논함에 있어 오직 객관적인 사실만을 근거로 삼는다면, 그것은 정당한 방법이라고 할 수 없다. 왜냐하면 우리가 예수와 관계한다는 의미는 단순히 객관적이요 역사적인 사실에만 국한된 것이 아니기 때문이다. 다시 말하면 우리는 역사적 사실 이외에도 예수의 말씀, 곧 구원의 말씀과 관계를 갖는다. 어느 누구도 신학적으로 역사적 예수의 필요성을 부인할 수 없다. 그러므로 역사적 예수는 공관복음서의 케리그마의 일차적 요인이며, 더 나아가 구원 사건이라는 점에서 예수는 신앙의 근거이며 텍스트가 된다. 이제 새로운 해석학이 다루고 있는 '신앙, 텍스트 그리고 예수'의 주제를 각각 살펴보기로 하자.

① 신앙

기독교에서 신앙은 자기주장의 중지(cessation)를 의미하며 이것은 자신 안에 다른 사람이 존재할 수 있는 여지를 기꺼이 허락하는 것이다. 그러므로 신앙은 인간 실존의 전체성과 관련이 있으며, 인간이 실재성 전체에 직면하는 방식, 곧 하나님과 세계에 마주보는(vis-a-vis) 방식과 관계가 있다. 그러므로 신앙의 과제는 인간이 세계 속에서 직면하는 사건들의 빛 속에 있는 기독교인 실존에 대한 지속적인 해석이다. 훅스는 신앙을 'der Glaube'라고 표현했는데, 이것은 기독교 신앙을 뜻하는 것인 동시에 참 신앙 곧 신앙 자체를 말한다. 또한 신앙은 갈등 속에서 계속적으로 연주되므로 신앙 자체는 믿는 행위 속에서 지적으로 재확인되어야 한다. 또한 신앙은 역사를 통하여 우리에게 오고 우리를 역사 안으로 끌어들이기 때문에 전승(tradition)에 의지하게 된다. 신앙은 무상하게 변천하는 세계, 정신, 언어의 의미에 있어서 역사에 편입된다. 그러나 다른 한편으로 신앙은 항상 자유롭게 선택한다는 의미에서 역사적 움직임을 스스로 영위하기도 한다. 이런 뜻에서 신앙은 역사에 대해 참 자유를 열어준다.

신앙과 역사의 기본 관계를 '전승'으로 표현한 것은 다소 충격적으로 들릴 수도 있다. 말하자면 전통을 성서의 권위보다 우위에 두는 로마 가톨릭의 견해처럼 들릴 수도 있기 때문이다. 엄격히 말해서 신앙과 역사는 서로 무관하며, 오직 모순만이 존재할 뿐이다. 일반적으로 신앙이라고 하면 초조하고 불안한 세상일에서 떠나 안정과 화평으로 돌아가는 것처럼 생각된다. 차안에서 피안으로, 순간에서 영원으로, 마침내 역사적인 것에서 초역사적인 것으로 돌아가는 것처럼 말이다. 이에 반해 역사는 유한한 인류의 변화무쌍한 숙명의 총체적 개념처럼 보인다. 그리하여 신앙은 역사적인 허무함을 정지시키고 그곳에 영원함을 부여하는 것으로 생각된다. 그러나 사실상 성서도 역사적 전통의 한 토막이라는 점을 감안한다면, '신앙이 전승에 의지한다'는 말은 쉽게 이해될 수 있을 것이다. 또한 미래와의 관련 속에서 기독교 신앙의 전체를 본질적으로 문제 삼을 수 있다는 점에서 우리는 신앙의 미래를 다루어야 한다. 왜냐하면 신앙과 미래는 본질적으로 하나이기 때문이다. 미래가 문제되는 곳에서 신앙은 본래의 힘을 충분히 발휘할 수 있고 심지어 미래적인 것을 오게 한다. 미래를 오게 하는 일은 미래의 절대적 불확실성을 은폐하는 것이 아니라 바로 그것을 전제하는 것인데 이는 절대적 확실성으로서의 신앙이 절대적 불확실성 속에서 자신을 유지할 때에만 그 본질을 보존할 수 있기 때문이다. 신앙은 미래에 대한 이해에 직접적으로 관여하고 규정하며, 미래 자체를 변화시킴으로써 미래와 관계를 맺는다. 오직 신앙 그 자체만이 미래에 대한 관계로 있을 수 있다. 좀더 확실히 말하면, 신앙이 미래를 가지고 있는(have) 것이 아니라, 신앙이 곧 미래이다(is). 그런데 그 미래(미래를 뜻하는 'Zukunft'라는 단어는 기독교적인 이해에 의해 생겨난 독일어이지만 '다가오는 것[Zu-Kunft]'이란 그 말의 뜻처럼)는 다가오는 것이며, 따라서 우리는 오직 참고 바라고 기다리면서 이를 준비할 수밖에 없다. 우리에게 다가오는 미래에서 최후로 믿게 되는 것이 다름 아닌 하나님이

4. 새로운 해석학이란 무엇인가? 121

고 이 하나님의 하나님 됨은 신앙에 있어서는 그의 옴(sein kommen)이다. 그러므로 신앙은 하나님을 미래로 고백하며 그 때문에 죽음을 포함하여 어떠한 시련도 무서워하지 않는다.

신앙이 미래와 본질적으로 관계한다는 사실은, 신앙이 의롭다 여겨지는 구원의 신앙이라는 사실과 일치한다. 신앙은 하나님이 우리를 위한다는 언약을 이해하기 때문에 어떤 것도 우리를 대적할 수 없음을 안다. 그래서 의롭다함을 받은 자는 하나님과 화목해지고 하나님의 평화에 속한 자는 미래를 두려워할 줄 모른다. 신앙은 구원에 대한 어떤 조건이 아니라 구원의 확실성이며 구원의 사건이다. 그러므로 우리의 신앙이 하나님을 창조주로 고백하게 되면, 옛 천지 창조 사건을 어떻게 생각하든 이 사건에서 결정된 미래성, 즉 신앙의 미래, 다시 말해서 이 사건에 대해 약속의 말씀, 곧 신앙의 말씀으로 받아들이게 된다. 또한 신앙이 십자가에 달린 예수를 향한다면, 과거의 역사적인 사실을 눈앞에 그려보는 것인 동시에 예수를 통해 오직 말씀을 믿을 뿐이다. 이 말씀에서 미래가 솟고 언약이 세워지는 한, 이것은 구원하는 말씀이 된다.

이런 이유로 예수는 기독교 신앙의 중심이 된다. 신앙은 예수를 통해 드러난 사랑에 대한 역사적 해석이라는 진리를 믿는다. 따라서 신앙은 나사렛 예수에 의존해 있다. 신앙은 예수가 자신의 길을 따름으로써 '우리를 위하여(für uns)' 나타났다는 것을 고백하는 실존론적인 숙고(Besinnung)이다. 이제 우리는 신앙에 관한 논의에서 신앙의 대상으로서가 아니라 신앙의 근거가 된 증인으로서 예수를 문제시해야 한다. 부활절 신앙에서 새로운 것은 새로운 신앙의 대상이 출현하였다는 것이 아니라 오히려 신앙 자체가 성립되었다는 것, 혹은 신앙이 생생하게 깨우쳐졌다는 것을 뜻한다. 그러므로 '예수를 믿는다'는 것은 신앙의 증인인 예수를 신앙의 근거로 받아들이는 것이며 예수가 살아간 길에 관여하는 일이다. 즉 그의 길에 동참하는 일이며, 신앙에서 약속된 것, 하나님의 전능에 참여하는 일이다. 그것은 십자가에서 죽은 바로 그 사람 앞에서, 다시 말하면 죽음에서 실현된 그의 신앙에 대한 증언 앞에서 그에게서 하나님의 전능함이 이루어졌다고 고백하는 것이다. 하나님의 전능함은 죽은 자를 일으키는 전능함이기에 예수를 믿는 것과 그를 부활한 자로 믿는 것은 똑같은 일이다. 따라서 예수의 십자가가 신앙의 중심이라는 것을 알지 못하면 예수의 부활을 기뻐할 수 없다. 여기서 분명해지는 것은 신앙의 근거와 내용이 일치한다는 사실이다. 신앙의 근거로서의 예수 혹은 그의 부활은 신앙과 밀접하게 관련되어 있는 만큼 신앙의 내용은 곧 예수 자신이 된다. 신앙에 있어 오직 예수만이 근거이자 내용이 되는 것이다.

② 텍스트에 대한 접근

해석학이란 성서 해석에 관련되는 모든 요소들, 즉 언어학, 본문비평, 문헌분석, 양식 및 전승비평, 역사적 주석 그리고 신학적 해석 등을 총괄하는 포괄적인 용어로, 해석학의 온전한 작업은 본문의 원 의미를 확정한 후에 이를 현대 언어와 사상형태로 옮겨 놓는 것이다. 그러므로 해석학은 성서가 과거에는 어떻게 해석되어 왔으며 오늘날에는 어떻게 해석되어지고 있는지를 연구하여 성서가 갖고 있는 인간에 대한 전체적 내용과 궁극적 의미에 가장 적절한 해석방법을 찾아내는 일이다. 그리하여 에벨링은 교회의 전 역사가 성서의 내용이 점차 드러나는 역사이자 끊임없는 해석학의 연습으로 이해될 수 있다고 주장한다. 결과적으로 설교와 해석학은 불가분의 관계에 있으며 설교자는 학문적인 해석자에 의존하고 있다. 훅스는 성서 말씀이 그 본래의 상황에서 설교되고 들었을 때에만 완전한 실재를 갖게 되기 때문에 오늘날에도 설교를 통해서 말씀의 실재를 되찾을 수 있다고 강조하였다. 아무튼 해석과 설교에 있어 가장 중요한 관건은 다름 아닌 성서 본문이다. 그러므로 우리의 과제는 어떻게 성서 본문에 접근하느냐에 달려있다.

슈툴마허(P. Stuhlmacher)의 가장 큰 공헌은 『신약성서의 이해에 대하여』란 책에서 볼 수 있는데 거기서 그는 고대로부터 불꽃 튀기는 현대 해석학적 논쟁에 이르기까지 각 시대에서 무엇이 문제였는지를 밝히고 그 문제를 풀어간 과정을 매우 적절하고 훌륭하게 해설하고 있다. '제2차 바티칸 공의회' 이래로 독일과 오스트리아, 그리고 스위스와 룩셈부르크 등의 감독들의 명령(Auftrag)으로 출판된 『거룩한 문서의 통일 번역』은 다음의 원리를 주창하고 있다.

> 새 번역은 가능한 한 원문의 의미와 개념에 충실하게 현재의 독일어로 옮기고자 한다. 그것은 무엇보다도 교회의 선포(Verkündigung)를 위한 것이며 낭독과 노래에 적절히 맞추어져야 한다.

이러한 원리를 미루어 볼 때, 로마 가톨릭교회가 과거에는 교리나 교회론의 그늘에서 성서를 읽었지만, 이제는 편견 없이 성서 본문을 읽으려 애쓰고 있음을 알 수 있다.

성서 본문과 번역에 대한 개신교의 태도에 관해서는 1956년(신약성서)과 1964년(구약성서)에 이루어진 『루터 성서 주해 *Lutherbibelerklärt*』 서문에 붙은 다음과 같은 개작 원칙 4가지를 고찰함으로써 파악할 수 있다.

> 첫째, 성서는 개개의 인간들을 구원하기 위한 하나님

의 말씀과 행위를 우리에게 계시한다. 하나님은 예수 그리스도를 통해서 세계를 그의 위대한 목적으로 인도한다. 그래서 우리는 신약성서와 마찬가지로 구약성서를 통해서도 성서의 전체 증언에 귀를 기울어야 한다. 둘째, 이들 증언의 발생(Entstehung)에서 하나님 역사의 한 토막이 나타나고 그 속에서 인간들뿐만 아니라 하나님과 그 영도 활동한다. 성서의 내적 통일성은 성서 안에 기록되어 있는 많은 목격자들과 증언들에 기초를 두고 있다. 셋째, 설명들은 앞에 놓여있는 원문(Wortlaut)이 무엇을 말하고 있는지와 그것의 말뜻(Wortsinn)이 무엇인지를 성서 말씀(Bibelwort)으로 하여금 말하도록 하는 것이다. 설명은 성서 본문 배후에 있는 자료의 원형으로 돌아가는 것이 아니다. 넷째, 그럼에도 불구하고 설명을 작성할 때에 성서와 그 주변세계에 대한 역사적 연구의 결과들(Ergebnisse)이 고려되었다.

이러한 원칙을 통해서, 우리는 성서 본문이 가지고 있는 구원사적인 의미와 내적 통일성, 그리고 원문의 뜻과 주변세계와의 관련성 등의 근본적인 문제를 파악할 수 있다. 이 같은 개신교의 성서 본문에 대한 이해는 사실상 슐라터(Adolf Schlatter, 1852~1938)에게 많은 빚을 지고 있다.

슐라터는 성서가 역사책이라는 통찰로부터 출발하여 인간이 성서를 그 역사성과 증언의 의도 안에서 진지하게 다룰 때에 가장 경이롭게 읽혀진다며 다음과 같이 말한다.

> 나를 성서에 묶는 것은 역사이다. 성서는 우리를 역사에 관여하게 하고 역사를 통해 우리 자신의 관심(Anteil)을 하나님에게로 돌려놓게 한다. 그러므로 성서에서 신앙과 순종이 일어난다. 그러나 역사는 비판적으로 훈련된 눈에 의해서만 올바르게 파악되는 것이다. 성서에 의해 이야기된 것을 올바로 보기 위하여 우리는 그러한 진술의 가치를 제한하고 있는 한계들에 대해서도 관찰해야 한다. 그러므로 나에게 있어 신앙과 비판이라는 두 가지 활동(Betätigung)들은 결코 대립되지 않는다. 내가 한번은 성서를 믿고 또 한번은 비판적으로 생각하는 것이 아니라, 성서를 믿기 때문에 비판적으로 생각하고, 성서를 비판적으로 읽기 때문에 성서를 믿는 것이다.

슐라터는 이렇게 성서 본문을 역사 비평적인 연구방법을 사용함에 있어 현대적인 감각을 가지고 있었다. 이는 불트만에 의해 더욱 진전되었는데, 불트만의 신학적 발단(Ansatz)은 하나님의 말씀 혹은 케리그마와 실존론적 역사 개념, 그리고 철저한 역사 비평적 해석론이었다. 특히 불트만은 신학과 역사학을 동시에 추구하는데, 일반적으로 역사학이 전달을 위한 인간의 현실 삶의 가능성을 보여주는 것이라면, 신학은 하나님의 말씀에 의하여 그 본래의 존재 방식으로 풀려난 개개인 실존의 가능성과 현실성을 보여주는 것이다. 이러한 역사학과 신학이 인간을 얻으려는 공통적인 노력으로 자신을 이해하게 된다면, 역사적 노작과 신학적 노작은 공통성이 있다. 달리 표현한다면 불트만에게 있어 성서 문헌(그리고 기독교 전통 자체)에 대한 역사적이고 학문적인 노력과 하나님의 말씀 아래에 있으려는 신학적인 노력은 서로 분열하는 것이 아니라 의미적으로 통합되며, 역사적인 노작과 신학적인 노작은 인간과 그의 참된 존재에 대한 질문을 일관성 있게 고수하고 따를수록 더욱 깊이 상호 연관된다.

불트만은 슐라이어마허와 딜타이의 해석학적 노선을 계승하면서 다음과 같은 두 가지 원칙을 채용한다. 첫째, 그는 해석의 조건(Bedingung)을 해석자와 저자가 동시대인들과 더불어 이해를 나누는 사귐(Umgang) 속에서 하나의 존재로서 역할을 하는 것으로 본다. 둘째, 그는 해석의 조건이 예술작품이나 존재로서 역할을 한다고 본다. 즉 예술작품이나 시적인 텍스트를 이해하기 위해서는 작가의 개성과 경험의 깊이를 고려해야 한다. 불트만이 슐라이어마허와 딜타이를 넘어선다면, 그것은 하이데거를 따라 '이해'가 인간적 현존재의 근본적 상태(Verfassung), 즉 '실존론적'이라고 한 것에 있다. '해석'이란 작품 안에서 제기되는 질문과 만나는 것이다. 그러나 당시 누구보다도 해석학의 문제를 파고 들어간 불트만조차도 아직 성서 본문이 가진 특성이나 본문에 쓰인 사실에는 무관심했다.

새로운 해석학은, 텍스트를 분석하기 위해 벌이는 어떠한 학문적이고 역사적인 노력에 앞서 성서 본문 자체가 자신의 독자적인 말을 가지고 있다는 전제에서 출발한다. 이는 종래의 해석학에서는 찾을 수 없는 독특한 면이다. 지금까지의 해석학은 해석자가 텍스트에 접근해 가는 방법에 관심을 가졌다면, 새로운 해석학은 텍스트가 해석자에게 말을 걸어온다고 봄으로써 그 전기를 마련하고 있다. 이에 대해 훅스는 다음과 같이 주장한다.

> 텍스트가 오래 전에 무엇을 말하였는지에 관한 역사적 배경을 질문하기 전에 본문이 직접 말해 준다는 것, 즉 그것이 우리에게 적절한지 아닌지를 오늘날에도 여전히 말하고 있음을 알아야 한다. 왜 그런가? 그것은 이러한 본문이 우리의 삶을 변화시켜 주기 때문이다. 바로 여기에 본문의 독특성(Eigenart)이 있으며 그것은 역사적인 것임에도 불구하고 독립적으로 존재한다.

성서 본문이 말하고자 하는 중심은 말씀 자체인 예수가 우리 인간에게 하나님의 사랑을 가져온다는 사실일 것이다. 따라서 성서는 여타 역사적인 문서와 구별되는 특징을 가지고 있으며, 이처럼 신약성서의 텍스트가 '선포'를 포함하고 있다는 것을 아는 것은 매우 중요하다.

성서 본문은 특수한 방식, 즉 예수의 빛 안에서 인간 실존을 해석하고자 한다. 그러므로 해석은 해석자 자신과 그의 삶 속에서 이루어져야 한다. 이러한 이유로 새로운 해석학은 해석학적 원리를 변경하기에 이른다. 다시 말해서 새로운 해석학에서는 이전처럼 텍스트를 이해하고자 텍스트의 조건들을 탐구하는 것이 아니라, 텍스트의 현상들을 통해서 나타나는 것을 질문하게 된다. 따라서 텍스트는 케리그마적 형식들을 전달하는 종이 아니라 하나님 앞에서 존재하는 인간 실존의 언어 상황(language-context)에게 우리를 돌려주는 주인이다. 훅스에 의하면 텍스트가 인간을 해석하고자 하는 것이다. 그러므로 해석학은 텍스트 스스로 해석자에게 오는 것에 관심을 갖게 된다.

그렇다면 텍스트는 무엇인가? 이미 살펴 본대로, 새로운 해석학에 있어 신앙의 텍스트는 다름 아닌 예수이다. 사실상 예수는 하나님의 말씀 그 자체이기 때문에 본래적 텍스트이다. 그러므로 신앙의 텍스트 그 자체인 예수가 우리 실존을 문제시하며 우리 삶을 변화시킨다. 이제 기독교 신앙의 근거이며 내용인 예수에게로 돌려 논의를 심화시키기로 하자.

③ 예수의 모습

새로운 해석학에서 예수상은 해석학적 원리를 적용하는 최종적인 영역이라 할 수 있다. 에벨링은 신약성서 문헌학에서 그의 스승인 불트만과는 달리 예수의 역사성 자체를 거부하지 않는다. 에벨링은 역사적 예수의 문제를 교의신학의 기독론 문제로 보고 선포를 통한 말씀 사건(word-event)으로 해석하였다. 즉 그는 말씀과 역사와의 관계를 중시하여 선포를 통하여 역사 속에서 신앙의 말씀 사건이 발생한다고 보았다. 훅스에 의하면 사실상 예수의 선포는 언어 사건(language-event)으로서 전혀 새로운 방식으로 인간의 실존을 문제시한다.

예수의 말씀에 대한 분명한 증거는 비유들(parables)에 있다. 새로운 해석학은 비유를 통해 예수가 행한 말씀에 관한 깊은 통찰을 얻을 수 있다고 말한다. 비유 속에서 언어의 진정한 기능이 명백하게 드러난다는 점에서 그것은 일종의 언어 사건이다. 비유는 예수가 하나님 나라의 때를 어떻게 이해하였으며 어떤 행동을 하였는가를 보여준다. 즉 지금(present)이야말로 하나님 나라의 때이며 인간을 압도하는 순간인 것이다. 이 시점에서 요구되는 것은 인간의 특수한 결단뿐이다. 비유는 일상생활(everydayness)의 언어로 하나님 통치의 절박함을 구체적으로 표현해 주었다. 그러므로 새로운 해석학에서 비유는 청중들로 하여금 예수의 때에 관한 이해로 결단할 것을 요구한다. 비유 속에서 언어의 진정한 기능이 명백하게 드러나고, 그것은 곧 언어 사건이 된다. 왜냐하면 예수의 비유가 보여주는 지금이 곧 하나님 통치의 때이기 때문이다. 그러므로 인간은 전혀 새로운 방식으로, 하나님의 현존의 '지금(now)' 안에서 스스로를 이해하도록 초청받고 있다. 그러나 혹스가 예수를 미래의 어느 시점에 일어날 하나님 나라의 침입(incursion)을 기다리는 묵시문학가(apocalypticist)로 보았던 것은 잘못이다. 예수에 대한 묵시문학적인 기대는 하나님의 현존의 지금(now)이라고 하는 예수의 선포를 무효로 만들어 버리기 때문이다. 만일 예수가 묵시문학적인 의미로 절박한 미래의 궁극적인 구원을 기대하였다면 그의 설교는 그 실존적 위치를 잃게 될 것이다. 의심할 여지없이 예수가 가르친 비유는 영원한 생명으로 이끄는 힘이 있다. 이러한 사실은 십자가와 부활의 의미에 관한 예수의 견해를 살펴본다면 보다 더 분명해질 것이다.

신약성서를 보면 사실상 예수의 말씀보다 행함이 더 많다. 복음서들은 예수가 행하였던 일에 관해서 많은 기록을 남기고 있으며 기이한 사건들에 대해서도 많은 관심을 가지고 있다. 많은 기적들 가운데서 가장 결정적인 것은 그의 죽음과 부활이었다. 그러한 놀라운 행위에 관한 기록들이 단순히 신화론적인 개념으로 간주되어 무시될 수도 있지만 이제 우리는 새로운 해석학의 관점에서 그것이 지니는 의미가 무엇인지를 살펴보고자 한다.

우리에게 전해진 예수의 전승은 초기 교회의 신앙에 힘입은 것이다. 물론 초기 교회의 신앙이 예수 자신과 얼마나 직접적으로 관계된 것인지는 여전히 문제로 남아 있지만 그것이 예수에게서 유래한 것만큼은 사실이다. 무엇보다도 '예수의 죽음과 부활'에 관한 바울의 어조는 더할 나위 없이 강경했다. 예수의 부활이 거짓이라면, 단지 부활신앙만 무효화 되는 것이 아니라 신앙 자체가 무너지게 된다. 즉 신앙 자체가 무의미하게 된다. 그러므로 초기 교회는 예수의 십자가에서의 죽음과 부활이야말로 기독교 신앙의 근거가 된다고 선포한 것이다. 이는 기독교 신앙 고백의 핵심이었고 오늘날까지 여전히 핵심으로 남아 있다.

에벨링은 예수의 부활을 다루면서 나타날 수 있는 오해를 피하기 위하여 다음과 같이 세 가지를 지적한다. 첫째로 명심할 것은 부활을 다른 신앙의 대상과 병행하는 또 다른 신앙의 대상으로 보아서는 안 된다는 것이다. 부활절 신앙은 다른 신조에 덧붙여진 또 하나의 신앙이 아니다. 부활한 자에 대한 신앙 고백은 예수에 대한 신앙 자체를 말한다. 즉 그것은 예수 개인에 대한 의견이 아니고 예수 자신을 문제시하는 것이다. 둘째로 이는 예수 개인에게 직접적으로 관계된 것이기에

4. 새로운 해석학이란 무엇인가? 133

신앙의 대상으로 볼 것이 아니라 신앙의 근거가 된 신앙의 증인으로서 예수를 문제시해야 한다. 만일 부활절 신앙에서 새로운 것이 생겼다면 그것은 또 하나의 새로운 신앙의 대상이 출현했다는 것이 아니라 오히려 신앙 자체가 성립되었다는 것, 혹은 신앙이 생생하게 깨우쳐졌다는 것을 뜻한다. 주의할 것은, 누구든지 기독교 신앙의 본질을 묻는 자는 바로 이 사건에서 진리를 지키는 끈질긴 용기를 보여주어야 한다는 것이다. 여기서 한 차라도 물러서면 예수와 기독교 신앙은 우리에게 아무 소용도 없게 된다. 아무튼 부활은 기독교 신앙의 근원이며 근거이기 때문에, 부활을 어떻게 고백하느냐는 문제, 즉 양심을 무시하거나 가책을 받으면서 예수의 부활을 되풀이해서 고백할 것인가, 아니면 양심적으로 받아들여 기쁨으로 남을 설득하면서 고백할 것인가의 문제는 기독교 실존을 좌우하는 문제와 직결된다.

'죽은 자들 가운데서의 부활'이란 무엇을 의미하는가? 예수가 죽은 자들 가운데서 부활했다는 것은 결코 다시 죽어야 할 자로서 이 지상의 삶에 되돌아왔다는 의미가 아니라, 오히려 죽은 자가 죽음 자체를 궁극적으로 처리한 후에 하나님 앞에 영원히 있으며, 바로 그 때문에 여기 이 지상의 삶 속에 현존함을 말한다. 이로써 십자가에 달린 예수는 부활한 그리스도로서 선포되어야 한다. 그것은 그가 죽음 속에 삼켜지지 않고 하나님의 말씀으로 현재하고 있기 때문이다. 그러므로 부활의 승리는 십자가에서의 예수의 죽음을 넘어 선 예수 말씀이 승리한 것을 말한다.

새로운 해석학에서 역사적 예수는 신앙 사건의 근거인 언어 사건이다. 때문에 우리는 예수가 신앙의 증인이며 근거라고 주장할 수 있는 것이며, 신앙은 오직 그 근거를 예수 안에서 얻을 수 있다고 이해할 수 있다. 이것은 새로운 해석학이 어찌하여 역사적 예수에 관한 새로운 질문(New Quest)과 관련을 맺고 있는지를 보여준다. 혹스에 의하면, "부활의 선포와 관련되어 역사적 예수는 스스로 우리에게 나아온다. 소위 신앙의 그리스도는 역사적 예수와 다른 것이 아니라 …… 하나님 자신은 역사적 예수 안에서 우리들과 만나기를 원한다." 에벨링 역시 불트만과의 학문적인 토론에서 케리그마는 실존에 관한 하나의 말(Reden)이 아니라 일어난 일들에 관한 증거(Zeugnis)라고 주장한다. 예수는 하나님의 말씀 그 자체이기 때문에 신앙의 텍스트로서 우리의 실존을 문제시하며 우리의 삶을 변화시킨다.

④ 사건으로서의 언어

'언어 사건' 혹은 '말 사건'이란 개념은 언어를 강조하는 새로운 해석학의 대명사처럼 사용되고 있다. '언어 사건'은 훅스의 개념으로 독일어로 'Sprachereignis'라고 쓰고 영어로는 'Language-Event' 혹은 'Speech-Event'라고 옮긴다. 에벨링은 '말 사건' 즉 'Wortgeschehen'이란 개념을 사용하는데 이는 'Word-Event'로 번역된다. 결과적으로 언어 사건 혹은 말 사건은 새로운 해석학의 중심 범주들(Key categories)중 하나이다.

새로운 해석학의 해석학적 원리는 '사랑'이다. 하나님의 역사는 말씀으로 말미암아 발생하고 말씀 안에서 객관화되어 예수로 드러난다. 그러므로 새로운 해석학에 있어 예수의 임재는 하나님 말씀의 임재, 곧 본래적 언어의 임재이며 사랑의 언어, 신앙의 언어이다. 그런데 훅스는 이러한 임재가 상호이해(Einverständnis)를 통해서만 가능하다고 주장한다. 다시 말하면 성서의 말씀은 사랑하는 분의 언어와 상호이해(Einverständnis)되어야 비로소 텍스트를 이해하고 더 나아가서 텍스트와 자기 자신과의 올바른 관계에도 이른다고 보고 있다. 이 때 상호이해, 즉 'Einverstandnis'은 '공이해(common understanding)' 혹은 '감정이입(empathy)'으로 번역할 수 있다.

일찍이 하이데거는 서양의 언어가 퇴화되고 오용되어 본래성을 상실했다고 탄식하였다. 이에 대해 훅스는 그러한 비본래적 언어가 지배하는 상황에서 오직 하나님의 말씀만이 새로운 언어를 창조할 수 있다고 주장한다. 앞에서 확인한 대로 하나님의 말씀은 하나의 사건이다. 그것은 성서의 본문으로부터 설교에 이르는 운동을 불러일으키고 결단하도록 요구한다. 그 과정을 통해서만 하나님의 참된 말씀은 사건이 된다. 이와 같이 하나님의 말씀은 예수의 사역을 통하여 비로소 행동과 하나가 된다. 예수는 하나님의 말씀을 선포하는 자이고 하나님은 예수의 말씀 가운데 계시한다. 이러한 언어 사건을 통해 청중은 예수의 세계에 참여하게 되고 하나님과 세계에 대한 새로운 이해를 가지게 된다. 따라서 예수와 청중 사이에 공통적인 이해의 세계를 기반으로 하는 언어 사건이 신앙의 본질이라 할 수 있다.

사실 진정한 언어만이 하나님의 구원의 말씀(God's saving word)이자 구원의 사건(saving event) 혹은 언어 사건이 된다. 그래서 새로운 해석학에 있어 '역사적 예수'는 '객관적 사실'로서가 아니라 '진술의 말'로서 이해되며, '해석학'은 '말없는 심연에서의 이해'가 아니라 '오늘날 사용되는 언어로의 번역'으로 이해된다. 불트만이 '예수의 종말론적인 의식이 그것을 하나의 역사적 현상으로 지각하고 있는 사람에게 종말론적 자기이해를 중개해 주었는가?'라는 질문에 부정적으로 반응했던 것과는 달리, 새로운 해석학에서는 그것을 듣는 사람에게 종말론적 자기 이해를 일으켜 준다고 확신하였다. 또 불트만이 '예수의 권위 주장이 그의 지상활동의 역사적 시간을 넘어 현대인에게까지 영향을 끼칠 수 있는가?'라는 질문에 부정적이었던 것과는 달리, 새로운 해석학은 오늘날의 우리에게도 사랑의 말씀으로 선포된 예수의 권위 주장은 여전히 유효하다고 확신하였다. 예수가 케리그마로서 부활하였다고 주장하는 불트만과는 달리, 훅스와 에벨링은 말 사건(word event)을 통해 오늘날에도 계속되는 교회의 선포 안에서 예수의 부활을 주장한다. 새로운 해석학은 이와 같이 예수의 말씀을 설교자의 말씀으로 옮겨가는 언어의 계속적 사건으로 이해하고 있다. 이와 관련하여 로빈슨(J. M. Robinson)은 새로운 해석학을 새로운 신학이라고 말하고 있다.

앞에서도 언급한 바와 같이, 훅스는 말씀 사건을 통해 예수의 비유를 인간 실존에 영향을 끼치는 중요한 사건으로 다루고 있다. 불트만은 역사적 예수를 회의적으로 보았지만, 훅스는 예수의 역사성 자체를 거부하지 않는다. 왜냐하면 예수의 선포를 언어 사건, 즉 전혀 새로운 방식으로 인간 실존에 문제를 제기하는 것이라고 보았기 때문이다. 무엇보다도 역사적 예수의 말씀들에 대한 분명한 증거는 바로 비유들이다. 훅스가 볼 때 비유는 단순히 의식적인 생각을 전달하는 것에 국한된 것이 아니라 예수가 하나님 나라의 때를 어떻게 이해하였으며 또 이와 관련하여 어떠한 행동을 하였는가를 보여준다. 지금이야말로 하나님 나라의 때이자 인간을 압도하는 순간이며, 인간의 결단이 요구되는 지점이다. 비유는 일상생활의 언어로 하나님 통치의 절박함을 구체적으로 표현해 준다. 그러므로 인간은 전혀 새로운 방식, 즉 지금 하나님의 현존 안에서 스스로를 이해하도록 요청받는다. 따라서 예수의 비유에는 영원한 생명으로 이끄는 힘이 있다.

혹스가 제시하는 '현재성'의 의미를 잘 드러내주는 비유 중 한 가지가 「누가복음」 15장에 나오는 '잃어버린 아들'의 비유이다. 이 비유는 아직 도래하지 않은 미래적인 사건이 아니라, 지금 여기에서 이루어지고 있는 일에 관심을 두고 있다. 이 비유가 가지고 있는 중요한 기능 중 한 가지는 '현재성'이다. 혹스는 하나님 안에 있는 '현재'를 중시하며, 이 현재 안에서 우리의 행위가 하나님의 행위와 관련을 맺게 된다고 말한다. 그에 의하면 나에게 하나님을 현재로 받아들이게 하는 것은 다름 아닌 예수의 말씀이다.

비유의 이미지, 혹은 그림에 해당하는 부분은 교훈을 보다 생생하고 인상 깊게 전달하기 위한 설명적, 설교적 장치가 아니다. 그것은 예수와 청자가 같이 서 있을 수 있는 공통의 세계를 창조한다. 우리는 인물들의 이해를 통해 우리와 그들의 공통된 세계를 발견하고 그 세계 어디서나 실존을 발견하게 된다. 여기에서 인간을 구출해내기 위한 무언가 새롭고 창조적인 것이 뚫고 들어와야 되는데 이 경우 예수의 창조적인 말과 인격이 그 역할을 한다. 예컨대 '포도원 품꾼'의 비유(마 20:1-16)의 경우, 우리는 첫 번째 농부의 반응을 공유하고 당연시한다. 그러나 곧 이어지는 주인의 행동에 충격을 받으며, 결말은 이에 대해 해명해 주는 판결로 종결된다. "내가 선하므로 네가 악하게 보느냐?" 이 때 예수의 말씀은 그를 사로잡는다. 비유의 세계에 들어감으로써 청자는 예수의 판단에 빠져든다. 비유는 우리의 결단을 요구하며 또 그 결단을 촉구한다. 결과적으로 창조적 언어 사건은 인간의 언어성에 의해 형성된 틀을 무너뜨린다.

훅스는 예수의 선포를 언어 사건으로 이해하였고 특별히 예수의 비유 속에 전형적으로 나타난다고 보았다. 그에 의하면, 비유는 하나님 말씀의 가장 특징적인 표현으로 언어 사건의 특징들을 모두 포함하고 있다. 무엇보다도 예수는 비유의 언어 속에서 청중들과의 상호이해(Einverständnis)를 수립하였다. 그러므로 오늘날의 해석학적 과제는 언어의 효과적 전달의 필수적 근거인 이해의 공통분모를 넓혀 나가는 것이다. 특히 훅스는 비유의 언어적 현상에 대해 관심을 기울인다. 그에 의하면 비유는 의미의 전체성, 즉 구체적 상황 속에 있는 세계와 깊은 관련을 맺고 있다. 그런데 이러한 전체성, 즉 이 세계는 근본적으로 하나님으로부터 주어진 것이다. 비유는 예수가 자신을 내어주었던 이 세계에 대한 것이다. 그럼에도 불구하고 하나님이나 예수도 전체성 속에서 대상으로 나타나지 않는다. 더 나아가서 비유는 청중이 초청받고 있는 세계이다. 즉 청중은 예수가 그러했듯이 저 세계와 어울리도록, 말하자면 예수를 따르도록 초청받고 있다. 그러므로 비유에 귀를 기울일 때, 청중은 예수를 따를 것인지 아니면 예수에 대해 저항하고 신앙을 포기할 것인지를 결단해야 한다.

이때 비유를 해석하는 것은 청중이 아니다. 오히려 비유가 청중을 해석하게 된다. 예를 들어 탕자의 비유(눅 15:11-32)에서 청중은 두 부류, 즉 작은 아들과 큰 아들로 나뉘게 된다. 이는 스스로의 판단에 의해 취해진 의지적 결단에 따른 것이다. 그리하여 각각의 청중은 자신들이 결단한 이야기에 깊이 빠져 들어간다. 이제 청중이 비유를 해석하는 것이 아니라, 비유가 청중을 해석하게 되는 것이다. 따라서 의심할 여지없이 결단을 촉구하는 예수의 비유는 하나님의 말씀이 되며 언어 사건을 일으킨다.

신약성서는 예수의 말씀으로부터 초래된 말씀이다. 그런즉 신약성서는 언어 사건이고 교회의 말이나 언어로 번역되어야 한다. 훅스는 이미 이러한 번역이 신약성서 안에서 일어난다고 보았으며, 그 대표적인 예로 칠십인 역을 지적했다. 이는 그리스 세계의 사람들이 그들 자신의 언어로 구약성서를 이해하도록 성공적으로 번역하고 있다. 이처럼 성서 본문은 자신의 독자적인 말을 가지고 있으며, 그렇기 때문에 우리는 성서 본문이 하는 말을 들어야 한다. 훅스에 의하면 하나님의 말씀은 우리를 통해 말하고자 그 음성이 들렸던 곳에서 생겨난다. 본문은 하나님이 우리에게 기대하는 방향을 지시해 주어야 하며 또 지시하고자 한다. 그래서 설교자는 하나님께서 무엇을 위해 예수의 이름으로 요구하시는가를 질문하고 본문은 바로 이 질문에서 생겨난다. 본문은 질문에 대한 대답이기 때문이다. 이와 같이 새로운 해석학에 있어 성서 본문은 독자적인 말을 가지고 스스로 말을 한다. 따라서 하나님의 말씀으로서의 성서 본문은 언어 사건이며 예수 그 자체이다. 예수는 우리에게 말을 하고 우리의 결단과 행위를 요구하며 다가온다. 그러므로 교회 선포의 핵심은 하나님의 행위 자체인 예수이며 그가 직접 청중에게 말을 하며 요구한다. 다시 말하자면, 새로운 해석학에 있어 언어는 단순히 말을 하는 것이 아니라 그 자체가 사건인 것이다.

훅스와 에벨링은 부활절 케리그마가 아닌 예수의 말씀이 오늘날에도 반복되고 있으며 이를 통해 종말론적인 자기이해가 가능하다고 한 점에 있어 불트만과는 다르다. 사랑의 말씀으로 선포된 예수의 권위 주장은 그의 지상 사역을 넘어 오늘날 우리에게까지 선포되는 말씀이다. 예수야말로 구원하는 말씀이며 존재를 가능케 하는 언어 사건인 동시에 교회에서 선포되는 설교자의 말을 통해 오늘날까지 살아 움직인다. 따라서 에벨링은 새로운 해석학의 궁극적인 목표가 복음 선포에 있다고 보았다. 그가 볼 때, 선포 없는 신학은 공허하고 신학 없는 선포는 맹목적이다.

한마디로 새로운 해석학은 성서 본문으로부터 오늘날 교회의 선포에 이르기까지 움직이는 하나님 말씀의 운동에 대한 이론이라 할 수 있다. 새로운 해석학은 말씀의 구술적인 성격을 중요시하기에 새로운 해석학은 언어에 대한 이론으로 볼 수 있다. 이 때 이해는 말에 대한 성찰일 뿐만 아니라 말로 말미암은 사건이므로 훅스와 에벨링은 불트만과 달리 문자 배후의 인간 실존의 자기이해를 묻기보다 문자 자체의 언어 사건에 관심을 가지고 있다.

# 5. 새로운 해석학의 의의

현대 해석학이 고전 해석학을 탈피하기 시작한 것은 얼마 되지 않았다. 사실 해석학이 철학자들의 학문적 관심의 대상이 된 것도 근세에 이르러 일어난 움직임이다. 그러므로 우리가 철학적 해석학이라고 부르는 일반 해석학은 짧은 역사에 비해 매우 활발하게 전개되었고 많은 신학자들의 관심을 불러 일으켰다는 점에서 존중되어야 한다.

무엇보다도 새로운 해석학은 철학과 신학의 관계를 밀접히 연결시키고자 노력하였다. 새로운 해석학이 철학적 해석학에서 근본적인 원리를 끌어내고자 한 것은 사실이지만, 궁극적으로는 철학적 해석학의 원리를 신학에 적용하는 것이 아니라 성서의 언어를 이해하고자 하는 데 있었다. 그러므로 우리도 일차적으로는 철학적 해석학이 어떻게 새로운 해석학을 가능하게 하였는지를 살펴볼 것이다. 왜냐하면 훅스와 에벨링에 의해 신학과 철학 사이에 폭넓은 대화가 이루어지는 중에 철학적 해석학의 원리들이 다루어졌고 그 결과 성서 언어에 대한 이해가 한층 진보했기 때문이다. 새로운 해석학이 이처럼 철학과 신학의 대화 속에서 비롯되었지만 여전히 성서를 해석하는 방법론이며 철학적 해석학의 범주보다는 신학적 해석학의 범주에 속한다는 것을 잊지 말아야 한다.

어떠한 사상이든 혼자 독립적으로 출현하는 것은 불가능하다. 이 점에서 새로운 해석학은 인류 역사상 다양한 해석의 전통들을 토대로 독자적인 세계를 구축하였다고 평가할 수 있다. 오늘날 성서 해석은 무엇이 실재인가(존재론), 실재가 어떻게 알려질 수 있는가(인식론)를 포함하여 여러 전제들에 영향을 받고 있다. 새로운 해석학 또한 이러한 전통에서 형성되었다.

## 존재론과 인식론

고대에는 플라톤과 아리스토텔레스의 견해가 해석학의 중심을 이루었다. 플라톤은 예술을 영원한 이데아의 복제판인 물질세계를 모방하는 것이라고 보았기 때문에, 예술가를 물질의 효용성을 창조하여 유용한 물건을 만드는 공예가보다 열등한 존재로 보았다. 반면 아리스토텔레스는 예술가를 이데아를 복제하는 것이 아니라, 인간 행동의 일반적 원리를 언어로

포착하는 자로 이해했다. 그는 이데아의 영원한 세계를 믿지 않았으며 모든 것은 과정과 변화에 속한 것이라고 보았기에, 예술가는 단지 복제하는 것이 아니라 인간의 행동을 모방하는 것으로 파악했던 것이다.

소피스트들은 자신들의 의견이 진리가 아니더라도 가능하다고 주장하였으며, 이러한 생각에서 예술을 이데아를 복제하거나 인간의 행동을 모방하는 것이 아니라 오히려 창조의 기술로 이해했다. 소피스트들에게 인간은 만물의 척도이다. 인간의 능력은 예술에 의해 발전되었기 때문이다.

이처럼 예술의 표현 대상에 대한 다양한 견해는 예술 자체에 대해 다양하게 생각하고 토론하는 결과를 낳았다. 플라톤과 플로티누스의 변증법에 따르면 예술작품은 영원한 형태를 모방하는 것이고 그것은 객관적인 세상과 분리되어 존재한다. 따라서 물질세계의 구조는 이데아의 세계와 유비적으로 연결된다.

플라톤의 전통에 서 있는 아우구스티누스에 의하면, 지식은 우리의 감각으로부터 나오는 가변적인 것이므로 그것으로부터 진리를 발견해낼 수 없다. 우리를 진리로 이끄는 것은 변하지 않고 영원히 우리 안에 있는 어떤 것으로, 아우구스티누스는 그것을 신적 조명으로 설명했다. 이와 달리 아리스토텔레스의 전통에 서 있는 토마스 아퀴나스는 이성을 조화시키는 합리적 교육을 기초로 스콜라 철학을 완성했다. 스콜라

철학은 일단 문제가 제시되면 그와 관련된 증거를 인용하여 합리적 토론을 함으로써 문제를 해결하는 방식을 선택했다.

데카르트와 로크는 계몽주의의 길을 예비하였다고 평가받는데, 그들은 플라톤과 아리스토텔레스의 존재론을 인식론의 영역에서 되풀이하였다. 예를 들어 플라톤의 입장에서 보편적인 이데아의 내재를 수용하였다면 아리스토텔레스의 관점을 통해 그 보편적인 이데아가 감각을 통해 획득된다는 점을 받아들였다. 데카르트의 사상은 형이하학적인 것들에 대한 지식은 육체적 감각을 통해, 형이상학적인 것들에 대한 지식은 마음의 지식 자체를 통해 온다는 아우구스티누스의 사상에 근거를 두고 있다. 감각에서 나온 관념들에 비해 내재적인 관념들을 강조했다는 점에서 '인식론적 이상주의'로 분류할 수 있는 데카르트에 비해, 로크는 선험적인 관념과 본래적 특성, 즉 태어날 때부터 이미 우리 마음 안에 어떤 일정한 관념을 지니고 있다는 전통적인 원칙에 반대하여 "모든 관념은 감각과 성찰을 통해 온다"고 주장했다.

## 근대 해석학

무엇보다도 근대의 해석학적 전통은 이상에서 언급한 사상사의 줄기들이 체계적으로 결합됨으로써 시작되었다. 그것은 첫째, 합리적 토론과 반성을 강조하는 세계관의 완성과 수용, 둘째, 지적합리주의를 불신하는 과격한 계몽주의의 낭만주의 운동, 셋째, 성서에 대한 성서학자들의 역사 비평적 방법의 채용, 넷째, 칸트에 의해 도입된 지식 가능성의 전제 조건들에 대한 질문들이다.

슐라이어마허는 이해를 위한 선행 조건 자체를 연구의 대상으로 삼음으로써 근대 해석학의 결정적인 진전을 이루어냈다. 그의 해석학은 다음과 같이 7개의 상호 의존하는 주장들로 요약될 수 있다.

처음 네 가지의 주장은 사고, 말하기, 사회·개인적인 언어의 측면 등과 연결된다. 첫째, 해석학은 철학적이다. 그것은 해석학이 사고방식의 한 부분이기 때문이다. 해석학은 공유된 경험과 언어를 전제하므로 사고를 단지 개인적인 현상으로 보아서는 안 된다. 둘째, 사고는 일반적인 동시에 특별한 측면을 가지고 있다. 일반적인 것은 전승된 개념들과 공유된 언어와 말의 협약을 포함하고, 특별한 것은 특징적인 저자의 개별성에서 자라난다. 셋째, 문법적 해석학은(언어와 관련하여) 심리학적 해석학(개인 사고의 표현들과 관련된)과 대비될 수 있다. 그들은 동등하고 상호 의존적이다. 본문의 본질과 해석자의 관심이 해석의 문법적, 심리학적 측면의 상대적 중요성에 영향을 준다. 넷째, 문법적 해석 혹은 심리학적 해석 그 어떤 것도 종국에는 완전한 결과를 얻지 못한다. 양자에서 완전한 지식은 불가능하기 때문에 "문법적, 심리학적 측면 사이에서 왔다 갔다 하는 것이 필요하고 어떤 규칙도 정확하게 이것을 어떻게 하는지 조정할 수 없다."

마지막 세 가지 주장은 부분과 전체, 비평적인 것과 예언적인 것, 작가의 의도와 독자의 공헌 사이에 상호 의존적인 관계가 포함된 해석학적 순환의 본질을 탐구한다. 다섯째, 완전한 지식은 전체의 견지에서 이해된 부분과 부분의 견지에서 이해된 전체의 명백한 순환을 포함한다. 여섯째, 이러한 순환적인 과정은 문법적인 것과 심리적인 것, 그리고 일반적인 것과 부분적인 것 사이뿐만 아니라 예언적인 것과 비교적인 것 사이에서도 움직인다. 슐라이어마허는 신적인 것(창조적이고 직관적인 능력)을 여성과 결합시킨다. 신적(예언적) 지식은 각 사람이 자기 자신의 권위로 (당연히) 독특한 개인뿐만 아니라 모든 다른 사람의 독특성을 수용한다는 가정에 그 기초를 두고 있다. 일곱째, 본문의 의미는 본문의 원 역사적 상황에 뿌리를 두고 본문의 역사적 언어적 맥락에 의해 결정된다. 그러나 해석자들은 그 본문을 기록한 저자들보다 본문의 의미를 더 잘 이해할 수 있다. 해석자는 저자가 단지 희미하게 의식한 자료를 다양한 방식으로 모을 수 있는 것에 비해, 작품은 만들어진 후에 이루어지는 창조적 영을 완전하고 충분히 구현할 수 없기 때문이다.

딜타이는 인간에 의해 구현되는 어떤 절대적인 원칙이 아니라 인간의 사회·역사적인 상황에 관심을 가졌다. 그는 인간의 궁극적인 역사적 본성과 시에 의해 드러나는 인간의 창조적 본성에 주의를 기울임으로써 해석의 이론적 보편성을 발견하고자 했던 것이다.

한편 하이데거는 인간(현존재, Dasein)에게 관심을 갖는다. 그는 "어떻게 우리가 알 수 있는가?"를 질문하는 대신에 "이해를 통해서만 존재하는 존재의 존재형식은 무엇인가?"를 질문한다. 이러한 접근은 본문 이해로 전개되는데, 이는 본문 안에 포함되어있는 내적 의미를 발견하는 것이 아니라 본문에 의해 지시되는 존재의 가능성을 밝히는 것이다. 하이데거의 후기 작품에서 '현존재(Dasein)'에 대한 질문은 더 이상 과정이 아니다. 언어는 존재와 동등해지기 때문이다. 존재 자체가 언어의 해석이고 언어의 본질은 존재의 자기해설이다. 존재는 창조적 설명이며 본문이고 의미이다.

불트만은 성서를 역사적이고 미학적인 목적으로 사용하는 것이 충분히 가능하고 합법적이라고 보았다. 신앙과 새로운 이해를 위해 성서는 말씀이 말하여진 방식으로 다시 해석되어야 한다. 그리고 다음의 두 가지 이유에 의해 해석은 필연적으로 인간 실존을 전제한다.

첫째, "나 자신의 실존에 대해 실존적으로 질문하도록 나는 강요된다." 둘째, "교회의 선포는 결정적으로 나 자신의 존재에 대해 들어야 할 곳인 성서에게로 나를 이끈다." 불트만은 성서에 나타난 신화적 세계를 해석하면서 인간이 세상에서 자신을 이해하는 방식을 표현한 것으로 보고 탈신화화의 정당성과 탈신화화 과정을 주장했다.

이상은에 의하면, 새로운 해석학은 이러한 근대 해석학에 직접적으로 근거를 두고 있다는 점에서 사상사의 연관성과 그 의의를 찾을 수 있다. 특히 불트만의 탈신화화와 후기 하이데거의 존재론은 새로운 해석학의 출발을 가능하게 하는 방법론적인 도구가 된다.

## 새로운 해석학

훅스와 에벨링은 불트만의 제자들이지만 해석학적 방법론에 있어서는 하이데거의 후기사상에 더 큰 영향을 받았다. 하이데거의 후기사상은 신학적으로는 훅스와 에벨링에게, 철학적으로는 가다머(H. G. Gadamer)에게 큰 영향을 미쳤다. 하이데거 사상은 1950년대를 기점으로 전기와 후기로 구분할 수 있는데 전기에서 후기로의 전환을 단적으로 보여주는 것은 하이데거가 직접 사용한 'kehre'의 여부이다. 이 외에 내용상으로도 전기가 '실존'을 다루고 있다면 후기는 '존재'에 관한 토론이 중심을 이루고 있다는 점에서도 차이가 있다.

해석에 있어 실존에 집중하는 하이데거의 전기사상은 불트만 신학에 많은 영향을 미쳤다. 따라서 불트만은 본문 자체를 중심으로 하면서 존재를 향해 질문하는 하이데거의 후기적 방식이 아니라 본문에 대한 '탈신화화'의 방식을 적용함으로써 본문의 케리그마를 밝히고자 했다. 이에 반해서 하이데거의 후기사상에서는 존재에 대해 질문을 제기한다. 하이데거에 의하면 존재는 존재자에 예속된 것이 아니라 존재자를 존재자이게 하는 것, 존재자를 존재시키는 것 그리고 존재자가 존재할 수 있게 하는 존재의 근거이다. 여기서 하이데거는 존재의미에 대한 물음을 새롭게 설정하여 존재의 의미를 해명하고자 하였다. 존재는 존재자를 가능하게 해주는 근거이며 빛이다. 하이데거의 후기사상에서 인간 사유는 존재에게 내맡겨져 있으며 존재를 떠나서는 사유가 이루어지지 않는다. 이때 '사유'라는 말은 존재의 사유를 가리킨다. 존재에 속하면서 존재를 경청하는 한, 사유는 동시에 존재를 사유한다.

하이데거의 전기 작품들은 현상학적인 측면이 강한데 비해 후기의 작품들은 다소 신비적이다. 후기의 작품들에서 하이데거는 외견상 종교적이고 신비적인 언어를 사용한다. 여기에서 존재에 대한 물음은 언어에 대한 물음과 직결된다. 왜냐하면 사유는 존재의 사유이며, 이는 언어를 통해 표현되기 때문이다. 이와 관련하여 하이데거는 "언어는 존재의 집"이라고 표현한다. 하이데거에 의하면 언어는 인간의 행위나 심적 작용이 소리로 구체화되는 것이 아니며, 형상적 개념의 묘사도 아니다. 언어는 본질에 있어 표현도 아니고 인간의 행위도 아니다. 그에 의하면 언어는 인간이 소유하고 있는 도구가 아니라 '존재의 집'이다. 그리고 인간은 이 집에 살면서 존재의 진리를 지키며, 존재의 진리에 속하면서 탈존(脫存)한다. 하이데거의 말에 따르면 언어 속에서 인간다움과 존재의 빛이 비로소 본질적으로 드러나고 열리게 되며 존재와 인간의 관계는 이 안에서 교차하게 된다. 즉 언어를 사이에 두고 한 쪽에는 인간이 다른 쪽에는 존재가 있다. 그리고 인간은 그 중간인 언어 속에서 살게 되며 여기에서 존재는 언어를 향해 깃들어오게 된다. 그러므로 언어는 존재의 집인 동시에 인간 존재의 거처가 된다. 하이데거에 의하면 이 집의 파수꾼은 '사유하는 자'이다. 이제 해석학적 철학에 있어 초점은 실존의 이해가 아닌 언어를 이해하는 측면으로 맞추어진다. 그리고 실존 내부에서 우리에게 말을 걸어오는 언어의 견지에서 우리는 실존 자체를 이해하게 된다. 즉 언어는 어떤 객관화로 생각될 수 없으며, '그 자체로서 우리에게 말을 걸어오는 것'이다.

그러므로 인간의 본성 자체는 언어적인 것이라고 정의해야 한다. 인간은 존재가 주장하는 바에 대답함으로써 존재한다. 그런데 존재는 언어에 의해서만 스스로를 드러내기 때문에 존재는 자기 스스로를 비치면서 동시에 언어가 된다. 결론적으로 언어는 인간이 자연스럽게 처리할 수 있는 도구가 아니라 인간 존재의 최고의 가능성을 좌우하는 사건이다. 그리고 언어는 그 본질에 있어 하나의 표현도 아니며 인간의 행위도 아니다. 그것은 어디까지나 말이 말을 하는 것이다. 결론적으로 언어가 있는 곳에 세계가 있고 세계가 있는 곳에 역사가 있다. 언어가 있음으로 인간은 역사적인 것으로 존재할 수 있는 것이다. 이 같은 언어에 대한 하이데거의 개념은 새로운 해석학의 입장에 커다란 영향을 끼쳤다. 이로써 새로운 해석학은 인간의 언어가 존재의 원초적 근거가 된다고 여기며 선포의 말씀을 하나님 말씀의 해석학적인 매개물로 받아들인다.

오늘날 신약성서 본문은 최초의 청중들에게 말해질 때와는 근본적으로 다른 특정한 틀로 해석된다. 시대와 상황이 달라졌기 때문이다. 따라서 그대로 읽기만 한다면 성서의 의미는 본문이 제시하고자 했던 것과 전혀 다른 의미가 될 수 있다. 성서 해석의 변화로 인한 차이가 전제되지 않으면 안 되는 것이다.

훅스와 에벨링은 바로 이 점에 착안하여 새로운 해석학을 전개하였다. 새로운 해석학의 핵심 주제는 "어떻게 언어가,

특히 성서의 언어가 현대 독자들의 마음에 와 닿을 수 있겠는가?"이다. 이에 대해 훅스와 에벨링은 새로운 해석학적 시도를 제시한다. 딜타이와 같은 고전적인 해석학적 방식은 해석자가 주체가 되어 본문을 해석하는 것이었으며, 여기에서 텍스트는 수동적인 입장에서 해석의 대상이 된다. 그러나 훅스와 에벨링은 거꾸로 성서 자체가 상황에 따른 변화를 선도하며 인간의 선입관을 바꾸어 놓는다고 본다. 즉 본문은 그 자체로 살아있으며, 해석자가 본문을 해석하는 것이 아니라 본문이 해석자를 해석하는 것이다.

결론적으로 훅스가 제시하는 새로운 해석학의 핵심 질문은 "신약성서가 어떻게 우리에게 새롭게 말할 수 있느냐?"는 것이다. 이는 본문을 문자적으로 반복함으로써, 또는 개개의 단어를 그대로 이해한다고 해서 해결되는 것이 아니다. 새로운 해석학에서는 다음과 같은 기본적인 전제를 가지고 해석학적 과제를 수행하고자 한다. 즉 새로운 해석학은 해석학적 과제를 언어와 관련하여 수행하고자 한다. 새로운 해석학은 사실을 지시하는 언어가 단순히 해석을 필요로 하는 것이 아니라 언어 자체가 이미 사실의 본래적인 해석이라고 주장한다. 언어는 무엇에 대한 기표로서 기호학적인 성격을 갖는 것이 아니라 존재 자체의 사건으로 기술되어야 한다. 인간의 본래적 실존은 언어를 통한 이러한 존재의 부름을 듣고 응답하는 곳에서 생겨난다. 훅스는 언어가 인간의 자기이해의 구성적 요소를 지니고 있다고 보았다. 인간은 본래 언어적 존재로 태어났고 부르면 대답하도록 되어있다. 인간은 존재의 부름에 응답하는 언어적 존재이다. 따라서 언어는 존재에 대한 핵심적 개념이 되며 새로운 해석학에서도 핵심적 위치에 놓이게 된다.

이상은에 의하면, 새로운 해석학은 저자의 의도보다는 본문(Text)의 사실을 강조한다. 새로운 해석학에서 이해는 언어성을 가지며 이 언어는 본문 안에서 주어진다. 따라서 본문의 언어란 곧 '텍스트의 사실'을 말한다. 본문에 대한 고전적인 해석이 심리와 체험을 중시하는데 반해서, 새로운 해석학은 본문이 우리에게 무엇을 말하는가를 강조한다. 새로운 해석학은 성서 본문이 본문을 분석하기 위한 학문·역사적인 노력에 앞서 그의 독자적인 말을 가지고 말한다는 전제에서 출발한다. 지금까지의 해석학이 해석자가 본문에 접근해가는 방식이었다면 새로운 해석학에서는 본문이 독자에게 말을 걸어온다. 따라서 본문이 이해될 수 있는 조건들을 탐구하는 것이 문제가 아니라, 본문의 현상들을 통해서 드러나게 되는 것을 질문하는 것이 문제이다. 본문은 이전에 불트만이 이해했던 것처럼 케리그마의 형식들을 전달하는 종이 아니라, 하나님 앞에 존재하는 인간 실존의 언어 상황으로 우리를 돌려주는 주인이다. 따라서 훅스는 본문이 인간을 해석한다고 보았던 것이다. 그러므로 새로운 해석학에서 본문은 해석자에게로 다가와서 언어 사건을 통해서 해석자를 변화시킨다. 여기서 새로운 해석학의 궁극적인 신앙의 '텍스트'로서 예수가 제시된다. 예수는 하나님의 말씀 그 자체이기 때문에 곧 '텍스트'이다. 결국 신앙의 '텍스트'로서 예수는 우리의 실존을 문제시하며 우리의 삶을 변화시킨다.

이같이 새로운 해석학은 하이데거의 후기사상에 영향을 받아 언어와 본문을 중시하면서 해석자에게 다가와 해석자를 변화시키는 구조를 가지고 있다. 이제 구체적으로 새로운 해석학이 지니고 있는 이러한 의의에도 불구하고 학자들이 비판하는 내용은 어떤 것인지 알아보자.

# 6. 새로운 해석학에 대한 비판

　새로운 해석학에 대한 학계의 응답과 반응은 신속하게 전개되었다. 물론 우리는 하이데거의 말대로 거짓되고 비본래적인 언어의 시대를 살아가고 있다는 데는 공감한다. 그러나 우리가 성서적 계시의 유효한 매개체로서 '언어문제'만을 관심가져야 할 것인지에 대해서는 의문을 갖지 않을 수 없다. 물론 새로운 해석학을 통해 예수의 비유를 효율적으로 드러낼 수 있음은 분명하지만 예수를 한낱 언어 사건으로 규정짓는 것에 대해서는 쉽게 동조할 수 없다. 성금요일과 부활절 새벽의 사건은 결코 단순한 언어 사건에 불과한 것이 아니다. 예수의 죽음과 부활은 언어를 창조한 생생한 역사적 사건이었다.

　뿐만 아니라 훅스와 에벨링이 루터교에 입각하여 성서 본문의 '문자'에 치중하는 해석학을 시도했으며 결과적으로 주관성에 치우쳐 있음을 지적할 수 있다. 신약성서에 대한 건전한 해석은 주관성과 객관성의 조화에서 비롯된다. 해석자는 성서 본문을 대할 때 그것을 자신의 내부에서부터 재구성하고 재창조하도록 요청받지만, 동시에 그것을 객관화시켜야 하는 문제에 봉착하게 된다. 그러므로 해석자는 이해의 자발성과 불가분의 관계인 주관적인 요소와 성취하여야 하는 의미의 타자성인 객관적 요소 사이에서 긴장관계를 유지하고 있어야 한다. 비록 새로운 해석학이 현재적인 체험과 결단에 도움을 주기는 하지만 언어 사건이 가지는 성격은 언제나 개인적이며 주관적일 수밖에 없다. 다시 말해서, 아무리 새로운 해석학을 면밀하게 살펴보아도 역사의 보편성과 전체성에 대한 정당한 접근은 발견되지 않는다.

이제 새로운 해석학에 대한 비판을 다음과 같이 네 가지 범주들, 즉 전통적 성서 해석의 원리를 무시하고 있다는 점과 보편사의 전체성에 관한 해명이 결여되어 있다는 비판, 부분적인 성서 해석이라는 문제제기, 그리고 언어의 성질에 관한 일면적 고찰 등으로 구분하여 시도해 보고자 한다. 새로운 해석학을 넘어 올바른 성서 해석을 위한 우리의 논의를 계속해 보자.

### 전통적 성서 해석의 원리

중세 로마 가톨릭은 성서의 권위가 교회의 동의(Consent)에 의해 주어진 것으로 보고 성서보다 교회의 권위를 우위에 두는 치명적인 과오를 범하였다. 이에 개혁자 루터(M. Luther)는 성서의 권위가 교회의 권위보다 우선한다고 고백하면서 '오직 성서로만(Sola Scriptura)'이라고 천명하였다. 성서의 권위가 교회의 권위보다 우선하는 이유는, 교회가 사도들과 예언자들의 바탕 위에 설립되었으므로 사도들과 예언자들의 가르침, 즉 성서의 내용이 교회보다 더 오래되었기 때문이다. 깔뱅(J. Calvin) 또한 교회가 성서에 근거하고 있다고 분명히 말한다. 깔뱅의 말처럼 교회가 처음부터 예언자들의 문서와 사도들의 설교에 근거를 두고 있다면 교회는 성서보다 후대에 있었던 것이요 성서에 의해 생겨난 것이 확실하다. 여기에서 우리의 개혁자들의 성서 해석의 원리를 발견할 수 있다. 루터는 성서의 권위를 높이 인정하면서 성서는 성서 자체에 의해 이해되는 것이라고 보았다. 즉 성서가 성서의 해석자(scriptura scripturae interpres)라고 말하였다. 깔뱅은 좀더 구체적으로 '성령의 내적 증거(the inward testimony of the Spirit)'라는 해석의 원리를 제안하였다. 의심할 바 없이 성서의 저자는 하나님이다. 그래서 깔뱅은 숨겨져 있는 성령의 증거를 찾아야 한다고 말한다. 이성은 성령의 증거 아래 종속되어야 하고, 성서의 이해는 인간의 이성이나 판단 혹은 추측보다 높은 원천에서 찾아보아야 한다. 오직 하나님만이 그의 말씀을 통해서 자신에 대한 충분한 증언이 되시는 것과 같이, 성서도 오직 하나님의 영이신 성령의 내적 증거로 말미암아 그 뜻이 전달된다. 또한 깔뱅은 성서가 그 자신의 내적인 권위에 의해 우리의 존경을 얻는다 하더라도, 우리의 마음속에 성령이 확인될 때까지는 우리에게 아무런 영향도 줄 수 없을 것이라고 말한다. 그러므로 성령의 조명(illumination)을 받을 때에만 성서가 하나님으로부터 유래하였다는 것을 믿게 된다.

이와 같이 개혁자들은 성서의 권위가 교회에서 유래한 것이 아니라 하나님으로부터 직접 유래한 것이며, 오히려 교회가 성서에 근거하고 있음을 지적하였다. 이상에서 살펴본 바와 같이 전통적인 성서 해석의 원리는 '성서가 성서의 해석자'이며 '성령의 내적 증거'라는 주장에서 찾을 수 있다. 무엇보다도 중요한 점은, 전통적인 성서 해석의 원리에 있어 성서에 대한 진정한 깨달음과 하나님의 말씀에 대한 전적인 순종이 성령의 내적 증거에 의해서만 주어진다는 것이다. 다시 말해 이것은 성서 해석에 있어서 이성에 대한 신앙 우위성의 원리이다.

그러나 새로운 해석학은 이상의 전통적인 성서 해석의 원리와 상이한 입장에 서 있다. 일차적으로 새로운 해석학은 언어의 해석학적인 의미를 재발견하여 인간의 언어가 존재의 원초적 근거가 된다고 생각하였다. 새로운 해석학은 하나님 말씀의 해석학적 매개물로서 선포의 말씀을 중요시할 뿐이다. 여기에서 근본적으로 문제가 되는 것은 존재와 언어에 대한 이해이다. 전통적인 성서 해석의 원리와 달리 새로운 해석학은 성령의 내적 증거라든가 신앙의 우위성에 대해서는 주목하지 않는다.

새로운 해석학에서 보는 대로, 현대 해석학은 교회의 고전적 신조, 교회들의 신앙 고백서, 에큐메니칼 회의의 신앙 고백 등의 기독교 신학의 역사와는 단절한 채 철학적 방법론으로 스스로를 제한하는 경향이 있다. 그래서 올드리지(J. W. Aldridge)는 새로운 해석학이 그 방법론 배후에 놓여있는 의미보다 방법론 자체에 더 많은 관심을 가지고 있다고 비판한다. 그러므로 전통적인 성서 해석의 원리에서 볼 때 새로운 해석학은 '성질이 다른 원리(alien principle)'에 근거하고 있다고 말할 수 있다. 대체로 이 개념은 정치·사회학적인 이론이나 심리·교육학적인 이론을 전이해로 가지고 성서를 보고자 하는 태도를 말한다. 또한 광범위한 의미로써 전통적인 해석 원리와는 '조화되지 않는 원리'라는 뜻으로 사용되기도 한다. 새로운 해석학은 전통적인 성서 해석의 원리를 무시하고 독자적인 원리를 세웠다. 즉 언어가 삶을 위한 실존적 결단의 차원에서 우리에게 향할 때, 존재는 언어로부터 나타나고 예수야말로 이러한 의미에서 진정한 언어이며 존재를 가능하게 하는 언어 사건이라고 주장한다. 새로운 해석학이 이해하는 역사적 예수는 객관적 사실이 아니라 진술된 말이다. 따라서 전통적인 성서 해석의 원리에서 찾을 수 있는 성령의 조명에 의한 성서적 메시지를 탐구하는 시도를 새로운 해석학에서는 만나보기 어렵다.

오히려 새로운 해석학은 하이데거의 후기철학의 언어철학을 도입하고 있기 때문에 다분히 철학적이라 독자 대중이 이를 실존적으로 받아들이기란 매우 어렵다. 한편으로 새로운 해석학은 신학적 해석학이라면 당연히 공유해야 할, 즉 과거부터 현재까지 보편적으로 받아들여지고 있는 전통적인 성서 해석의 원리를 무시하는 결과를 낳고 말았다. 이것은 새로운 해석학이 성서의 신적인 권위와 성령의 역동적인 활동성뿐만 아니라 보편사에 대해서도 무관심했음을 보여준다. 아래의 내용은 이에 대한 문제제기이다.

## 보편사의 전체성

판넨베르크(W. Pannenberg, 1928~)는 실존주의적 해석의 특징인 지나친 개인주의를 바로잡기 위하여 보편사 개념을 자신의 신학적 방법론에 도입한다. 과거의 실존론적 해석학은 문자에만 집착하고 있기 때문에 역사의 보편성과 전체성을 정당하게 취급하지 못하였다. 그리하여 판넨베르크는 실존론적 해석학에 대한 대안으로 보편적 역사해석학을 주장한다. 판넨베르크는 자신의 책 『해석학과 보편사』에서 해석학적 문제와 역사적 문제가 보편사 속에서 상호 병합적인 성격을 지니고 있음을 지적하고 "역사학파(historischen Schule)의 해석학적 주제는 개별적 본문이 아니라 보편사(Universalgeschichte)"라는 가다머(H. G. Gadamer)의 주장을 자신의 해석학의 기초로 삼는다. 보편사의 전 과정에 대한 이해는 역사적 전승 자체로부터 가능한 것이므로 텍스트의 의미는 텍스트 자체로부터 이해된다. 그리하여 "역사학의 기초는 해석학이다"라고 말한다.

가다머가 제시한 '지평융합(Horizontverschmelzung)'이란 언어의 진술을 유한한 것으로 보고 '진술되지 않은 것의 무한성'을 주장하여 발설된 모든 말에 진술되지 않은 의미지평이 있음을 뜻한다. 문헌 해석에 있어 가다머는 해석자와 저자 사이의 시간적 간격(Zeitlich Abstand), 즉 진리 파악에 있어 역사적 차이를 해석학적인 사고로 수납하여 '지평융합'의 개념으로 해결하고자 한다. 딜타이가 해석학적 구조로서 깊이 숙고하지 않은 '시간적 간격'을 가다머는 '해석학적 경험의 근본 구조'로서 통찰한다. 그리하여 과거적인 것과 현재적인 것이 이해되면서 서로 관계되는 양식 — 즉 해석자의 지평과 해석되는 문헌의 지평, 즉 자기의 고유한 지평과 낯선 지평이 이해 속에서 가지는 긴장관계 — 을 가다머는 '지평융합'이라는 개념으로 제시한다.

가다머는 이러한 의미지평에다 본문의 말을 옮겨 그 본래적 뜻을 찾고, 본문의 진술로부터 전체를 진술해내는 것이 해석자의 과제라고 주장한다. 따라서 본문을 바르게 이해하기 위해서는 현재와 과거뿐만 아니라 장래의 지평까지 결합시켜 전 역사와의 연관관계를 파악하는 작업이 필요하다고 보았다. 판네베르크는 가다머의 주장을 받아들여 해석자의 지평을 충분히 확장하여 해석 대상인 본문의 지평을 포괄하도록 하고, 과거와 현재의 차이를 간과하지 않으면서 양자를 연결시키는 지평융합설을 수용한다.

모든 개별 사건은 그것이 본래 속하는 사건의 연관 속에서만 그 고유성과 의미를 가지므로 판네베르크는 과거와 현재와의 객관적인 사실적 연관, 즉 역사적인 연관성을 해석학의 중요한 과제로 삼는다. 따라서 실존론적 해석학은 현재와 과거를 연결시키는 사건의 연관에서만 비로소 참된 효용성을 지니며, 이는 보편역사에 의해서만 정초될 수 있다. 이와 같이 판넨베르크가 말하는 해석학의 문제는 보편사의 연관에 관한 질문을 전제로 하고 있다. 즉 해석학의 지평은 사건의 최초 연관으로서의 보편 역사이며, 역사적 진리로의 물음은 이러한 보편사의 해석으로만 진정한 해답이 가능하게 된다.

판넨베르크의 보편사적 역사 해석학에 관한 고찰을 통해서 새로운 해석학의 문제가 무엇인지 분명하게 드러난다. 새로운 해석학은 텍스트의 배후로 돌아가 원 본문이 가지고 있는 언어 역사에 대한 당대의 상황을 추구한다. 그러나 판넨베르크는 역사적 접근을 통하여 (개별적 본문에 대해서가 아니라) 과거, 현재, 미래의 전 역사적 사건들에 관심을 갖는다. 이는 새로운 해석학이 전혀 의식하지 못하고 있었던 것이다. 새로운 해석학은 오로지 과거의 본문과 현재의 해석자 사이에서만 움직이지만, 보편사적 해석학은 텍스트의 배후로 돌아가서 보편사의 맥락, 즉 해석자 자신의 역사적 시대성의 맥락 속에서 텍스트에 제기된 사건들을 숙고한다. 새로운 해석학이 본문의 배후에 있는 본래적 사건들을 소홀히 하는 반면, 보편사의 해석학은 미래의 예측 불가능한 가능성까지 열려 있는 보편사적 연관성을 추구한다. 다시 말해 새로운 해석학은 보편사적 해석학이 보여주는 전체성에 관한 해명이 결여되어 있는 것이다.

신약성서에 대한 실존론적 해석은 20세기 초반의 철학적, 신학적 요청의 테두리 안에서 이룩된 신학적 본문 해석의 거창한 시도이다. 그러나 21세기의 현상은 실존론적 해석의 한계를 뛰어 넘도록 요청하고 있다. 그리하여 실존론적 해석에 의해 얼마간 억제되었던 보편사적인 문제들이 맹렬하고도 불가피하게 되돌아왔다. 보편사적 문제가 되돌아왔다는 것은 개인의 역사 안에서, 자기에게 근거해서, 자기만 홀로 서 있는 것이 아니라 여러 관계와 사회적 공동체 안에서 만나게 된다는 점에서 우리의 시야를 다양하고 무수한 관계를 향해 열어 준다. 그러므로 마땅히 새로운 해석학은 보편적 역사 해석학에 의해 평가를 받아야 한다. 왜냐하면 개체성의 문제는 보편사의 전체성에 의해 제기된 비판을 피할 수 없기 때문이다.

### 부분적인 성서 해석

새로운 해석학이 신약성서에 보다 창의적인 해석을 시도한 것은 누구나 알고 있는 사실이다. 그러나 훅스와 에벨링은 자신들이 신약성서를 얼마나 올바로 이해하고 있는지에 대해서는 크게 관심이 없었다. 그런 점에서 그들은 신약성서의 일부 구절들만을 보고 있다는 비판을 모면하기 어렵다. 훅스와 에벨링의 작업은 시와 찬양, 은유와 비유 같은 언어의 범주들에 국한되어 있다. 특히 훅스는 비유에 집중하고 있고 「고린도전서」 13장과 「빌립보서」 2장 5~11절과 같은 구절들에 깊은 관심을 갖고 있다. 결론적으로 새로운 해석학은 신약성서 전체의 메시지와 그 중심적인 주제를 파악하려는 노력을 소홀히 하였다는 한계를 안고 있다.

새로운 해석학이 결정적으로 간과할 수밖에 없었던 신약성서의 중심적인 주제와 전체적인 메시지는 무엇인가? 슈툴마허(P. Stuhlmacher)에 의하면, 그것은 성서에 대한 전통적인 고백의 핵심 내용으로 '예수의 보내심과 죽음과 부활에서 구원을 이루시는 하나님의 역사(Werk)에 대한 고백'이다. 슈툴마허는 이러한 관점에서 우리의 화해자요 주님이신 예수 그리스도에 대한 고백을 이끌어낸다. 그러므로 신약성서의 중심적인 주제는 다름 아닌 예수 그리스도이고, 그는 하나님이 우리에게 열어주신 구원의 기초일 뿐만 아니라 세계의 미래이기도 하며, 사실상 그는 인격 안에 나타난 분이시기도 하다. 그런데 예수 그리스도를 따름(Nachfolge)과 신앙의 확증은 교회의 건너편에서 시작되는 것이 아니라, 이미 하나님의 제단에서 또한 복음의 설교를 들음에서 시작된 이후 삶의 일상성 안으로 들어가게 된다. 즉 화해자와 주님이신 예수에 관한 구원의 소식인 복음을 믿는 자들에게 하나님의 새로운 삶의 질서의 차원으로 들어가도록 길을 열어주고, 동시에 그들에게 선언된 삶의 질서 안에서 그들이 지은 죄에 대한 용서를 지켜준다. 이로써 그리스도인들은 세계 안에서 사랑과 자유와 의의 대변자들이 되도록 부름 받는다. 그래서 슈툴마허는 성서가 우리의 과거를 결정하는 정경일 뿐만 아니라 우리의 미래도 가져다주는 정경으로 읽혀질 수 있고 또 읽혀질 것이라고 말한다.

이와 같이 슈툴마허는 신약성서의 중심적인 주제를 분명한 어조로 밝혀 주었을 뿐만 아니라 그것을 믿는 신자들에게 죄 용서 사건이 일어났으며 계속해서 새로운 삶으로 부름을 받고 있음도 보여주었다. 이러한 점과 비교해 볼 때, 새로운 해석학의 논쟁은 너무나 부분적인 해석에 국한되어 있으며, 화해자와 주님으로서의 예수를 찾을 수 없고, 죄의 용서에 대한 신적인 약속에 관한 선포가 결여되어 있으며, 신자들의 현재와 미래의 새로운 삶에 대한 어떠한 방향제시도 해주지 않고 있다.

## 언어의 성질

성서는 사실상 말의 현상이다. 그러므로 그것은 여러 문학의 집대성으로 이루어져 있으며 놀랄 만큼 다양한 언어와 문체로 구성되어 있다. 언어는 하나님의 활동하심을 매개하는 도구가 된다. 그러므로 말 없이는 하나님의 웅대한 활동들을 전할 길이 없다.「요한복음」은 장엄한 필치로써 창조 이전부터 이 말씀이 인격적으로 존재하고 있었으며, 예수 그리스도가 인간이 되어 성육신하셨다고 가르친다. 물론 예수께서도 훌륭한 말을 남기셨으며, 사실상 그분 자신이 말씀이다. 따라서 새로운 해석학이 신약성서와 예수를 언어 사건으로 이해한 점은 의미가 있다.

그러나 새로운 해석학은 신약성서의 언어에 대해 일면적인 고찰을 할 뿐이었다. 새로운 해석학에서 신앙의 언어론으로 표현된 하나님 말씀에 관한 신학적 이론은 존재에 관한 질문으로 국한된다. 이는 하이데거 후기사상의 영향으로 '언어가 말하려는 주제는 주로 존재이다'라는 사상과 연관된다. 결국 새로운 해석학은 성서 언어로부터 존재를 파악하고자 하였고 결과적으로 훅스와 에벨링은 하나님 말씀의 능력에 관한 신앙의 확증을 결여하고 있다.

와일더(Amos N. Wilder)는 훅스가 신앙의 내용에 대해 정의 내리기를 거부하고 있다고 지적하면서, 예수의 말씀, 행위, 현존, 인격, 메시지 등이 모두 신앙의 내용을 규정하는 것들이라고 말한다. 또한 그는 자신의 책『초기 기독교의 수사학』을 통해서 신약성서에 나타난 초기 교회의 다양한 언어의 성격과 양식을 해설해 주고 있다. 와일더에 의하면, 초기 기독교인들은 언어의 새로운 형식을 창조하였다. 그렇다고 그들이 일부러 거룩한 말이나 교양 있는 언어를 습득하거나 사용하려고 애쓴 것은 아니다. 그들은 감정적인 언어를 조장하지도 않았고 그들의 언어는 아주 자연스러웠다. 그는 신약성서에 나타난 문체를 대화, 이야기, 비유, 시, 이미지(Image), 상징,

신화 등으로 구분하여, 그 언어의 성격에 따라 연구해야 한다고 제안한다. 이는 신약성서의 언어에 대한 보다 광범위한 측면에서의 접근을 시도한 것이라고 말할 수 있겠다.

이러한 사실에 비추어볼 때, 새로운 해석학은 비유 연구에 치중하여 신약성서의 언어가 지니고 있는 다양하고도 풍부한 의미들을 소홀히 하였고, 비유에 관한 연구에 있어서도 주관성이 너무나도 강조된 나머지 역사적 예수를 객관적 사실로서가 아니라 단지 '진술의 말'로서 이해하는 우를 범하고 말았다.

# 맺음말

역사가 계속되어 오는 동안에 성서 언어에 대해 많은 논의들과 토론들이 제기되었다. 지금까지 우리는 현대 해석학적 방법론과 긴밀한 연관을 맺고 있는 새로운 해석학을 통하여 그것에 대한 이해의 폭을 넓혀보았다. 본 도서는 철학 일반의 해석학적 원리들이 신학적 해석학의 형성에 많은 영향을 주었다는 사실, 특히 새로운 해석학에 결정적인 영향을 주었다는 사실을 전제로 하여, 슐라이어마허와 딜타이와 하이데거의 전기사상과 불트만, 그리고 하이데거의 후기사상의 해석학적 원리들을 차례로 살펴본 후 그것들의 새로운 해석학과의 연관성을 검토함으로써, 성서 언어의 해석학적 이해에 대해 새로운 해석학이 가지는 의의와 중요성을 규명하여 왔다. 이상의 연구를 통하여 분명해진 내용들을 정리하면 다음과 같다.

첫째, 정신과학 분야의 방법론으로서 해석학은 모든 학문을 위한 보편적인 관심사가 되었다. 고전적 의미의 해석학은 고정된 문자(고문서, 성서, 법조문)를 해석하는 규칙 내지는 기술이었다. 그러나 근대에 이르러 해석학은 이해의 문제가 되었으며 이해가 일어나는 과정이라고 간주됨으로써 정신과학 분야에서 보편성을 띤 방법론의 지위를 얻게 되었다.

둘째, 슐라이어마허 이후, 해석학은 우리 앞에 주어져 있는 객관적 대상을 기술적이고 방법적으로 다루던 인식론으로부터 주객의 근원적 통일이라는 존재론적이고 철학적인 것으로 전환하였다. 슐라이어마허에 의하여 해석학은 말이나 글을 완전히 이해하기 위한 '이해의 기술론'이 되었다. 더 나아가 그의 심리적 해석은 해석자를 원 저자의 상태로 옮겨놓아 원 저자의 개성과 특성을 재구성할 수 있는 길을 열어 놓았다. 딜타이는 이를 한층 더 발전시켜, 과거의 역사적 사건들을 역사적 삶의 표현들로 읽어야 한다고 이해하였다. 그에게 있어 해석학은 문자적으로 고정된 삶의 표현을 이해하기 위한 기술론이었다. 그러므로 삶과 이해의 일치는 해석학의 순환성, 즉 체험, 표현, 이해의 순환적 관계로 나타난다. 한편, 하이데거는 인간 현존재의 존재 양식에서 이해를 이끌어내는 작업을 통하여 현존재인 우리 인간에게 이미 전이해로서 이해가 주어져 있음을 밝혀냄으로써 이해의 문제를 근원적 문제로서 제시하였다. 그는 이해의 전구조(Vor-struktur), 즉 전소유(Vorhabe)·전견(Vorsicht)·전취(Vorgriff)를 들고 있다. 이것이 바로 해석학적 순환구조이자 실존론적이고 존재론적인 순환구조이다. 이러한 전구조는 한마디로 전이해이다. 그러므로 하이데거는 누구에게나 주어져 있는 이해의 지평이야말로 개별적인 의미를 파악하는 데 아주 요긴한 이해의 조건이라고 하였다.

셋째, 신학자로서 불트만은 해석학적 문제의 보편성과 철학적 해석학의 원리들을 충실히 따랐다. 불트만은 역사 비평적 연구방법과 철학적 해석학의 원리들에 의존하여 성서 언어에 대한 이해를 수행하였다. 불트만은 하이데거와의 만남을 통해서 심리적 해석의 한계성을 극복하였고, 신화적 성서 언어에 대한 탈신화화 프로그램을 통해서 실존론적 해석학을 수립하였다. 그러나 불트만은 탈신화화 과정에서 신화적 언어가 다른 언어로 대치된다는 사실을 간과하고 말았다. 이 문제로 인해 훅스와 에벨링은 불트만의 해석학적 입장을 계승하면서도 언어의 문제를 가장 중요한 주제로 다루게 되었고, 그들의 스승과는 완전히 다른 길을 걷게 되었다.

넷째, 훅스와 에벨링이 불트만의 실존론적 해석학으로부터 새로운 해석학으로 전환하게 된 결정적인 이유는 하이데거 후기사상의 영향이었다. 사실상 하이데거의 후기사상은 현대 해석학사에 있어 결정적일 만큼 새롭고도 중대한 기여를 하였다. 무엇보다도 그는 자신의 전기사상과는 달리, 횔더린과 니체에 대한 연구를 통해서 '언어'에 관한 새로운 해석을 시도하였다. 전기에 언어를 하나의 표현이나 인간의 행위로 간주한 것과 달리, 후기에 오면 언어는 존재의 집이며, 언어 자체가 인간에게 말을 하고 말을 걸어오는 것으로 이해된다. 이러한 사고는 훅스와 에벨링에 의해서 성서 언어에 대한 이해로 이끌어졌다.

다섯째, 새로운 해석학은 해석학적 문제의 보편성과 철학적 해석학의 원리들, 그리고 불트만의 실존론적 해석학을 기반으로 하고 있을 뿐만 아니라, 언어의 문제에 새로운 관심을 제기한 하이데거의 후기사상에 의존하여 성서 언어에 대한 해석학적 이해를 시도하였다는 사실이다. 우리는 새로운 해석학이 일반 해석학적 원리들을 성서 언어의 이해에 충실히 적용하였다는 사실을 지적할 수 있다. 한마디로 말해서 새로운 해석학의 출발점은 '성서 본문이 그 스스로 말을 하고 있다'는 이해에 있다. 그러므로 새로운 해석학에 있어 언어는 단순한 담론이 아니라, 오히려 활동의 의미를 갖는다. 즉 언어를 사건으로 이해하여 언어 사건이란 주제에 도달하였다. 그런데 그 언어 사건은 다름 아닌 신앙의 텍스트로서 예수이며, 그것이 가장 잘 드러나 있는 것이 비유이다. 결국 새로운 해석학은 비유에 대한 연구에 몰두하였으며, 사실상 비유에 관한 연구의 새로운 방법론으로 대두되었다.

여섯째, 새로운 해석학은 성서 언어, 특히 비유의 언어에 관해 많은 장점을 가지고 있음에도 불구하고, 방법론 배후에 놓여 있는 의미보다는 방법론 자체에 더 많은 관심을 가지고 있다는 점에서 많은 문제점을 포함하고 있다. 본 도서는 몇 가지의 범주들로 구분하여 새로운 해석학에 대한 비판을 시도하였는데 그것들을 간추려보면 다음과 같다. ① 전통적인 성서 해석의 원리를 무시한다. 비록 새로운 해석학이 루터 신학으로부터 출발하였지만, 그 과정과 결과에 있어 신앙의 우위성이 전혀 고려되지 않았다. ② 보편사의 전체성에 대한 해명이 결여되어 있다. 새로운 해석학이 성서 본문의 문자에 치중하고 있기 때문에 본문의 배후에 있는 보편적 사건과 의미 연관성, 즉 질문자의 현재까지도 포괄하는 보편사의 지평에 대한 이해를 간과하고 말았다. ③ 부분적인 성서 해석을 시도하고 있을 뿐이다. 이는 새로운 해석학이 신약성서 가운데 지극히 제한되어 있는 본문들, 이를테면 시와 찬양, 그리고 비유 등과 같은 언어의 범주들만을 주로 취급함으로써 신약성서의 중심적인 주제와 그 전체적인 메시지를 소홀히 하였다. ④ 새로운 해석학은 언어의 성질에 관해 일면적 고찰을 하고 있다. 즉 새로운 해석학에서 신앙의 언어론으로 표현된 하나님 말씀에 관한 신학적 이론은 존재에 관한 질문으로 국한될 수 있다. 따라서 훅스와 에벨링은 하나님의 말씀이 가지고 있는 능력에 관한 신앙의 확증이 결여되어 있다.

새로운 해석학은 특히 불트만의 제자들인 훅스와 에벨링 등에 붙여진 명칭으로, 이들은 해석학적 변증법을 신화 대 존재에 대한 이해에서 언어 대 언어 사건으로 변화시켰다. 새로운 해석학에서 신학의 주된 과업이라고 보는 언어는 단순한 인간의 창작물이 아니다. 훅스에 따르면 "오히려 언어는 상징(sign)이거나 능동적으로 의미를 산출한다." "의미가 있는 곳에 또한 언어가 있다." 그러나 어떤 곳에서 의미는 "단지 언어의 생략이다"라고 말하는데, 이는 많은 해석을 필요로 하는 표현들이다. 이미 새로운 해석학이 성서 언어에 대한 해석을 시도하고 있는데, 거기에 대한 해석이 다시 요청된다는 것은 새로운 해석학이 그만큼 사변적이라는 사실을 보여준다.

성서 해석학의 과제는 다양한 해석이론들을 소화하는 차원에 머무는 것이 아니라 그 이론들을 통하여 얼마나 효과적으로 성서 본문을 해석해내느냐에 집중된다. 성서 본문의 의미를 분명하게 밝히는 작업이 성서 해석의 목적이므로 우리는 성서 언어에 대한 일면적인 고찰을 지양해야 한다. 많은 학자들이 저마다의 해석이론들을 제안하였지만 단지 성서 연구방법론을 위한 제안들이 많았다는 점을 감안할 때에 우리는 차분히 성서 본문 그 자체의 의미를 밝히는 데에 주의를 기울여

야겠다.

그러나 우리의 노력이 단지 성서 본문이 지니고 있는 의미만을 드러내는 차원에 그쳐서는 안 된다. 성서 본문이 우리에게 말하고 있는 것을 우리가 하나님의 말씀이라고 확신하는 것에서 나아가 매일의 삶 속에서 그 말씀을 전파하고 실천하는 것이 그리스도인의 사명이기 때문이다. 다시 말해서, 하나님의 말씀을 통해서 우리 스스로뿐만 아니라 우리의 이웃에게 하나님의 사랑을 실천하는 것이 참된 그리스도인의 삶이다. 이제 성서를 통해 우리 자신을 회복하고 더 나아가서 이웃을 살리는 삶을 힘차게 살아가자. 그때 교회는 이 사회에서 빛과 소금의 역할을 다할 수 있을 것이다.

# 참고문헌

## 훅스의 참고문헌

__ 1927

1. [Besprechung von] Martin Heidegger: Sein und Zeit. Halle 1927. In: Kirchl. Anzeiger für Württemberg 36 (1927) 201-202.

__ 1931

2. Glaube und Tat in den Mandata des Hirten des Hermas. Teil 1. Marburg/Lahn: Bauer 1931. 56 S. (Vollständig unter dem Titel: Das Verhältnis des Glaubens zur Tat im Hermasbuch. Marburg. Theol. Diss. v. 17. Nov. 1929).

__ 1932

3. Christus und der Geist bei Paulus. Eine biblisch-theologische Untersuchung. Leipzig: J. C. Hinrichs'sche Buchhandlung 1932. 132 S.
4. Die Auferstehung Jesu Christi und der Anfang der Kirche. ZKG 3. F. II, 51(1932) 1-20 (Probevorlesung, gehalten in Bonn am 13. 2. 1932). Leicht verändert wiederabgedruckt in: GA III, 49-69.
5. Was heißt: "Du sollst deinen Nächsten lieben wie dich selbst?" (Habilitationsantrittsvorlesung, gehalten in Bonn am 24. 2. 1932). ThBl 11 (1932) Sp. 129-140 (= GA II, 1-20).

6. Theologische Exegese und philosophisches Seinsverständnis. Zu Bultmanns Jesus-Buch. ZThK 13 (1932) 307-323 (= GA III, 32-48).
7. Drei Marburger Theologenvorträge zur Krisis der Gegenwart [Besprechung von Rudolf Bultmann, Hans Frh. v. Soden, Heinrick Frick: Krisis des Glaubens, Krisis der Kirche, Krisis der Religion. Gießen 1931] ThBl 11 (1932) Sp. 54-57.
8. [Besprechung von] Erwin Reisner: Kennen - Erkennen - Anerkennen. Eine Untersuchung über die Bedeutung von Intuition und Symbol in der dialektishen Theologie. München 1932. - ThBl 11 (1932) Sp. 312-314.

__ 1933

9. Theologie und Metaphysik. Zu der theologischen Bedeutung der Philosoph Heideggers und Grisebachs. ZZ 11 (1933) 315-326. Wiederabgedruckt in: Heidegger und die Theologie. Beginn und Fortgang der Diskussion. Hrsg. v. Gerhard Noller. München: Kaiser. 1967, S. 136-146 (ThB, 38).
10. [Besprechung von] E. G Gulin: Die Freude im Neuen Testament. Ⅰ. Teil: Jesus, Urgemeinde, Paulus. Helsinki 1932. - ThBl 12 (1933) Sp. 180-181,
11. [Besprechung von] Heinrich Molitor : Die Auferstehung der Christen und Nichtchristen nach dem Apostel Paulus. Münster i. W. 1933. - ThLZ 58 (1933) Sp. 357-359.

__ 1935

12. Die trinitarische Bezogenheit der Lehre vom Worte Gottes. EvTh 2 (1935) 261-273. Wiederabgedruckt unter dem Titel: "Vom Glaubensbekenntnis" (A) in: GA III, 70-83.
13. Art. "ἐχτείνω ἐχτενής ,ἐχτενέστερον'. ἐχτένεια ὑπερεχτείνω". ThW, Bd. 2 (1935) 458-463. [Engl. Übers. s. Nr. 112].

## 1936

14. Die Grenze der Kirche. EvTh 3 (1936) 41-57(= GA III, 97-115).
15. Die unteilbare Liebe. Predigt über Lukas 7, 36-50 (gehalten in Winzerhausen/ Württbg. am 27. 10. 1935). In: Predigten aus Württemberg. München: Kaiser 1936, S. 15-21 (ThEx, 38).

## 1946

16. Christentum und Sozialismus. Stuttgart: W. Kohlhammer. 1946. 48 S. (Kirche für die Welt, Heft 1). Darin: Christentum und Sozialismus (Vortrag, gehalten am 29. Januar 1946 vor den Stuttgarter Jungsozialisten) S. 7-26. Schuld und Sühne (Gedächtnisrede, gehalten an der vom Gewerkschaftsbund am 25. Nov. 1945 in Sckwäbisch Hall veranstalteten Ehrung der Opfer des Faschismus) S. 27-43. Predigt über 1. Korinther, 13 (gehalten am Sonntag Estomihi, den 3. März 1946 in Oberaspach) S. 44-48.
17. Die Aufgabe der neutestamentlichen Wissenschaft für die kirchliche Verkündigung heute. Vortrag vor den Theologen der Marburger Studentengemeinde am 25. Mai 1946, Gießen: Wilhelm Schmitz Verlag 1946. 11 S. (= GA II, 55-65).

## 1947

18. Probleme der neutestamentlichen Theologie. [Besprechung von E. Stauffer: Die Theologie des Neuen Testaments. Stuttgart 1941] - VF (Theologischer. Jahresbericht 1942/46). München: Kaiser 1946/47, S. 168-182.

## 1948

19. Andacht über Philipper 2, 12-18. Gehalten am 22. Juli 1947. - EvTh 7 (1947/48) 97-98 (= GA I, 320 bis 322).

## — 1949

20. Die Freiheit des Glaubens. Römer 5-8 ausgelegt. München: Kaiser 1949. 123 S. (BEvTh, 14).
21. Jesus Christus in Person. Zum Problem der Geschichtlichkeit der Offenbarung. [Manuskript 1944]. Erstmals veröffentlicht in: Festschrift Rudolf Bultmann zum 65. Geburtstag überreicht. - Stuttgart u. Köln: W. Kohlhammer 1949, S. 48-73 (= GA II, 21-54).
22. Christus·das Ende der Geschichte. EvTh 8 (1948/49) 447-461 (= GA II, 79-99).
23. Verheißung und Erfüllung. [Besprechung von W. G. Kümmel : Verheißung und Erfüllung. Untersuchungen zur eschatologischen Verkündigung Jesu. Basel 1945] - VF (Theologischer Jahresbericht 1947/48). - München: Kaiser. 1949, S. 75 bis 82 (= GA II, 66-78).

## — 1950

24. Das Problem der theologischen Exegese des Neuen Testaments. EvTh 9 (1949/50) 1-11, Mit geringfügigen Änderungen abgedruckt in: GA I, 138-153.
25. [Besprechung von] Karl Barth: Das christliche Verständnis der Offenbarung. München 1948, - ThLZ 75 (1950) Sp. 434-437.
26. [Besprechung von] friedrich Heiler: Der Vater des katholischen Modernismus Alfred Loisy (1857~1940). München 1947. - ThLZ 75 (1950) Sp. 548-549.

## — 1951

27. Warum fordert der Glaube an Jesus Christus von uns ein Selbstverstä -ndnis? ZThK 48 (1951) 342-359 (= GA I, 237-260).
28. Bultmann, Barth end Kant. [Zu Walter Klaas: Der moderne

Mensch in der Theologie Rudolf Bultmanns. Zollikon-Züurich 1947]. ThLZ· 76 (1951) Sp. 461-467.

29. [Besprechung von] Heinz Schürmann : Aufbau und Struktur der neutestamentlichen Verkündigung. Paderborn 1949. ThLZ 76 (1951) Sp. 415-417.

## — 1952

30. Das theologische Programm Rudolf Bultmanns. In: Studium Generale (Zeitschr. für die Einheit der Wissenschaften im zusammenhang ihrer Begriffsbildungen u. Forschungsmethoden) 5 (1952) 106-110.
31. Das entmythologisierte Glaubensärgernis. EvTh 11 (1951/52) 398-415 (= GA I,211-236).
32. Frontwechsel um Bultmann? [Zu Bornkamm G. und W. Klaas: Mythos und Evangelium. München 1951]. ThLZ 77 (1952) 11-19.

## — 1953

33. Was ist Theologie? Tübingen : J. C. B. Mohr 1953. 44 S. (SgV, 203/204).
34. Das Sakrament im Lichte der neueren Exegese. Bad Cannstatt : R. Müllerschön Verlag 1953. 10. S.
35. [Besprechung von] Wilhelm Weischedel: Die Tiefe im Antlitz der Welt. Entwurf iner Metaphysik der Kunst. Tübingen 1952.- ThLZ 78 (1953) Sp. 298-300.

## — 1954

36. Hermeneutik. Bad Cannstatt: R. Müllerschön Verlag 1954. 271 S.
37. Das Programm der Entmythologisierung. Mit einem Nachwort an O. Michel. Bad Cannstatt: R. Müllerschön Verlag 1954, 20 S.

(Schriftenreihe der Kirchlich-Theologischen Sozietät in Württemberg, Heft 3)

38. Jesu Selbstzeugnis nach Matthäus 5. ZThK 51 (1954) 14-34 (= GA II, 100-125).

39. Gesetz, Vernunft und Geschichte. Antwort an Erwin Reisner. ZThK 51 (1954) 251-270.

40. Die vollkommene Gewißheit. Zur Auslegung von Matthäus 5,48. In: Neutestamentliche Studien für Rudolf Bultmann zu seinem siebzigsten Geburtstag am 20. August 1954. Berlin: Töpelmann 1954 (1957)2 S. 130-136 (= GA II, 126-135).

41. Bemerkungen zur Gleichnisauslegung. ThLZ 79 (1954) 345-348 (GA II, 136-142).

42. Entmythologisierung und Säkularisierung. [Besprechung von Friedrich Gogarten: Entmythologisierung und Kirche. Stuttgart 1953 und: Verhä -ngnis und Hoffnung der Neuzeit. Die Säkularisierung als theologisches Problem. Stuttgart 1953] - ThLZ 79 (1954) Sp. 723-732.

43. [Besprechung von] Hans von Soden: Urchristentum und Geschichte. Ges. Aufs. u. Vorträge. Hrsg. v. H. von Campenhausen. I : Grunds -ätzliches u. Neutestamentliches. Tübingen 1951. VF (Theologischer Jahresbericht 1951/52). München : Kaiser 1953/54, S. 223-224.

44. Lasset uns hinzutreten! Predigt über Hebräer 4, 14-16. Predigten für Jedermann. 1. Jahrgang, Nr. 6. Bad Cannstatt: R. Müllershön Verlag 1954. 8 S.

## 1955

45. Begegnung mit dem Wort (Rede anläßlich der Emeritierung von Friedrich Gogarten auf Einladung der Theol. Fachschaft in Göttingen am 25. Februar 1955 gehalten). Bad Cannstatt: R. Müllerschön Verlag 1955. 27 S.

46. [Besprechung von) Jos. R. Geiselmann: Jesus der Christus. Die Urform des apostolischen Kerygmas als Norm unserer Verkündigung

und Theologie von Jesus Christus. Stuttgart 1951. - ThLZ 80 (1955) Sp. 29-32.
47. [Predigt - Meditation zu] Joh. 2,1-11 (2. Sonntag nach Epiphanias). In: Göttinger predigt - Meditationen 9 (1954/55) 48-51.
48. [Predigt - Meditation zu] Joh. 10,12-16 (Misericordias Domini). In: Göttinger Predigt - Meditationen 9 (1954/55) 122-125.
49. [Predigt - Meditation zu] Lk 16,19-31 (1. Sonntag nah Trinitatis). In: Göttinger predigt - Meditationen 9 (1954/55) 160-164.

__ 1956

50. Die Frage nach dem historischen Jesus. ZThK 53 (1956) 210-229 (= GA II, 143-167). Engl. Übers.: The Quest of the historical Jesus. In: Fuchs, E.: Studies ... p. 11-31 [s. Nr. 104].
51. Jesu Freude als des Christen Trost und Mut. Predigt über Lukas 15,11 bis 32. Predigten für Jedermann. 3. Jahrgang, Nr. 9. Bad Cannstatt: R. Müllerschön Verlag 1956. 8 S.

__ 1957

52. Glaube und Geschichte im Blick auf die Frage nach dem historischen Jesus. Eine Auseinandersetzung mit G. Bornkamms Buch über "Jesus von Nazareth". ZThK 54 (1957) 117-156 (= GA II, 168-218).
53. Artikel "Bultmann". In: RGG3, Bd. I (1957) Sp. 1511-1512.

__ 1958

54. Das urchristliche Sakramentsverständnis. Vorlesungen. Bad Cannstatt: R. Müllerschön Verlag 1958. 41 S. (Schriftenreihe der Kirchlich-Theologischen Sozietät in Württemberg, Heft 8).
55. Hermeneutik. 2. Aufl. [nebst] Ergänzungsheft mit Registern. Bad

Cannstatt: R. Müllerschön Verlag 1958, V, 271; Ergänzungsheft. 28 S. [s. Nr. 36].

56. Die der Theologie durch die historisch-kritische Methode auferlegte Besinnung. EvTh 18 (1958) 256-268 (= GA Ⅱ, 219-237). Engl. Übers.: The reflection which is imposed on theology by the historical-critical method. In: Fuchs, E.: Studies ... p. 32-47. [s. Nr. 104].

57. Jesus und der Glaube. ZThK 55 (1958) 170-185 (= GA Ⅱ, 238-257). Engl. Übers.: Jesus and Faith (1958). In: Fuchs, E.: Studies ... p. 48-64. [s. Nr. 104],

58. Artikel "Freiheit" (Ⅰ. Im NT). In: RGG3, Bd. 2 (1958) Sp. 1101-1104.

59. Artikel "Gemeinschaft und Individuum" (Ⅲ. Im NT). In: RGG3, Bd. 2 (1958) Sp. 1355-1357.

60. Jesu meine Freude. Predigt über. Joh 11,20-27. Predigten für Jedermann. Jedergang 5, Nr. 4. Bad Cannstatt: R. Müllerschön Verlag 1958. 8 S.

## ― 1959

61. Zum hermeneutischen Problem in der Theologie. Die existentiale Interpretation. (Gesammelte Aufsätze, Ⅰ). Tübingen: Mohr 1959. Ⅷ, 365 S. (= GA I). Darin an unveröffentlichten Aufsätzen u. Vorträgen: Glaube u. Wirklichkeit. Vorlesungen zum Kampf um die rechte Auslegung des Neuen Testaments (1952), S. 1-44.

Der Ursprung des christlichen Glaubens (Antrittsvorlesung, 1956 Berlin), S. 45-64.

Was ist existentiale Interpretation? A* (Vortrag, Göttingen 1952), S. 65 bis 90.

Was ist existentiale Interpretation? B* (Vortrag, Mainz 1959), S. 91-106.

Was ist existentiale Interpretation? C* (1959), S. 107-115.

Das Problem der theologischen Hermeneutik. Ein Gruß an Rudolf Bultman anläßlich der Beendigung seiner akademischen Tätigkeit in Marburg (1951), S. 116-137.

Prolegomena zu einer Vorlesung über Anthropologie des Neuen Testaments. Ein Entwurf (1958), S. 154-166.

Die Theologie im Gespräch mit den andern Wissenschaften. Ein Vortrag (1955/56), S. 167-180.

Der· Mensch zwischen Geburt und Auferstehung. Referat für eine Diskussion zwischen Naturwissenschaftlern und Theologen (1955), S. 181-196.

Die Auferstehungsgewißheit nach 1. Korinther 15 (Vortrag 1955), S. 197 bis 210.

Die biblische Auffassung vom Menschen (1959), S. 261-280.

Das Sprachereignis in der Verkündigung Jesu, in der Theologie des Paulus und im Ostergeschehen (Vortrag 1959), S. 281-305.

Die missionarische Verkündigung der Kirche und der Mensch der Gegenwart (Vortrag, Berlin 1956), S. 306-319.

Das Wort Gottes (1952), S. 323-333.

Du sollst nicht töten! (1955), S. 334-344.

Was sollst Du predigen? Ein Brief, S. 345-348.

Wiederabgedruckt in: DtPfrBl 63 (1963) 256-257.

Zum Predigtentwurf (Exeget.-homilet. Proseminar, Berlin 1959), S. 349 bis 351.

62. Die Sprache im Neuen Testament. In: Das Problem der Sprache in Theologie und Kirche. Referate vom Deutschen Evangelischen Theologentag vom 27-31. Mai 1958 (Berlin: Töpelmann 1959), S. 21-35 (= GA Ⅱ, 258-279). Engl. Übers.: Language in the New Testament. In: Fuchs, E.: Studies ... p. 65-83. [s. Nr. 104].

63. Was wird in der Exegese des Neuen Testaments interpretiert? Rudolf Bultmann zum 75, Geburtstag. ZThK 56 (1959) Beiheft

1, S. 31-48 (= GA Ⅱ, 280-303). Engl. Übers.: What is Interpreted in the Exegesis of the New Testament? to Rufolf Bultmann, on his seventy-fifth birthday (1959). In: Fuchs, E.: Studies ... p. 84-103. [s. Nr. 104].

64. Fuchs, Ernst - Martin Fischer: Exegetisches und praktisch-theologiches Gutachten der Kirchlichen Hochschule Berlins über Diakonie und Innere Mission als Dienste der Kirche. ThViat 6 (Jahrbuch der Kirchlichen Hochschule Berlin 1954/1958). Berlin: Lettner Verlag 1959, S. 42-53.

65. The Parable of the Unmerciful Servant (Matt 18,23-25). In: Studia Evangelica (Texte und Untersuchungen V, 18) Berlin 1959, S. 487-494.

## 1960

66. Programm der Entmythologisierung. Zweite, neu durchgesehene Auflage. Bad Cannstatt : R. Müllerschön Verlag 1960, 28 S. - [ohne Nachwort an O. Michel. s. Nr. 37].

67. Zur Frage nach dem historischen Jesus. (Gesammelte Aufsätze, Ⅱ). Tübingen: J. C. B. Mohr 1960. 458 S. (= GA Ⅱ).

Darin an unveröffentlichten Aufsätzen u. Vorträgen:

Das Zeitverständnis Jesu (1960), S. 304-376. Engl. Übers.: Jesus' understanding of time. In: Fuchs, E.: Studies ... p.48-64. [s, Nr. 104].

Die Theologie des Neuen Testanlents und der historische Jesus (1960), 5. 377-404. (Dieser Vortrag wurde anläßlich des "Interfac" in Boldern bei Zürich gehalten und von G. Ebeling in Thesen zusammengefaßt. Diese thesenhafte Zusammenfassung findet sich in: ZThK 57 (1960) 296-301).

Engl. Übers.: The Theology of the New Testament and the historical Jesus. In: Fuchs, E.: Studies ... p. 167-190. [s. Nr. 104].

Übersetzung und Verkündigung. Hermeneutisches Korreferat, S.

405-423.

Engl. Übers.: Translation and proclamation. A hermeneutical lecture. In: Fuchs, E.: Studies ... p. 191-206. [s. Nr. 104].

Was ist ein Sprachereignis? Ein Brief (1960), S. 424-430. Engl. Übers.: What is a Language-Event? A letter. In: Fuchs, E.: Studies ... p.207 bis 212. [s. Nr. 104].

Das Weihnachtsevangelium (1959), S. 431-435.

68. Hermeneutik? ThViat 7 (Jahrbuch der Kirchlichen Hochschule Berlin 1959/60). Berlin: Lettner Verlag 1960, S. 44-60 ( = GA III, 116-135).

69. Die Verkündigung Jesu. Der Spruch von den Raben. In: Der historische Jesus und der kerygmatische Christus. Beiträge zum Christusverständnis in Forschung und Verkündigung. Hrsg. v. Helmut Ristow und Karl Matthiae. Berlin : Evangelische Verlagsanstalt 1960, S. 385-388.

70. Artikel "Logos". In: RGG3, Bd. 4 (1960) Sp. 434-440.

71. Ostern. In: Neue Zürcher Zeitung. Jahrg. 181, Nr. 1296 vom 17. 4. 1960. S. 1 (= GA II, 436-441).

72. Zusatz [zu Bultmanns Artikel "Mythos und Mythologie". IV im NT]. In: RGG$^3$, Bd. 4 (1960) Sp. 1282.

73. Meditationen zu Ernst Haenchens Kommentar über die lukanische Apostelgeschichte. VF (Theologischer Jahresbericht 1958/59). München: Kaiser 1960/62, S. 67-70.

74. Denken und Sein? (Besprechung von Heinrich Ott: Denken und Sein. Der Weg Martin Heideggers und der Weg der Theologie. Zollikon 1959). - PhR 8 (1960) 106-108.

75. [Besprechung von] Friedrich Gogarten: Die Wirklichkeit des Glaubens. Zum Problem des Subjektivismus in der Theologie. Stuttgart 1957. - ThLZ 85 (1960) Sp. 214-215.

76. Unser Vater. Predigt über Lukas 16,19-31. Predigten für Jedermann. Jahrgang 7, Nr. 9. Bad Cannstatt: R. Müllerschön Verlag 1960. 7 S.

## 1961

77. Das Neue Testament und das hermeneutische Problem. ZThK 58 (1961) 198-226 (= GA III, 136-173). [s. auch Nr. 123]. [Engl. Übers. s. Nr. 105; it. Übers. s. Nr. 140].
78. Muß man an Jesus glauben, wenn man an Gott glauben will? Vorerwägungen zur Auslegung von 1. Kor 15,1-11. ZThK 58 (1961) 45-67 (= GA III, 249-279). [Engl. Übers. s. Nr. 125].
79. Über die Aufgabe einer christlichen Theologie. Zum Aufsatz Ernst Käsemanns über "Die Anfänge der christlichen Theologie" [ZThK 57 (1960) 162-185]. ZThK 58 (1961) 245-267. [Engl. Übers. s. Nr. 148].
80. Artikel "Jesus Christus". In: Paed. Lexikon. Stuttgart: Kreuz-Verlag 1961, Sp. 421-423.
81. Zum Geleit - [zum Buch von Eta Linnemann: Gleichnisse Jesu. Einführung und Auslegung. Göttingen 1961], S.7,
82. Der Kaiser ist gewarnt. (23. Sonntag nach Dreifaltigkeit). In: Sonntagsblatt Nr. 45, v. 5. Nov. (Hamburg 1961), S. 3.
83. [Predigt - Meditation zu] Mt 15,21-28 (Reminiszere). In: Göttinger Predigt - Meditationen 15 (1960/61) 89-91.
84. [Predigt - Meditation zu] Lk 14,15-24 (2. Sonntag nach Trinitatis). In: Göttinger Predigt - Meditationen 15 (1960/61) 190-192.

## 1962

85. Alte und neue Hermeneutik. In: Hören und Handeln. Festschrift für Ernst Wolf zum 60. Geburtstag. Hrsg. v, H. Gollwitzer u. H. Traub. München : Kaiser 1962, S. 106-132 (= GA III, 193-230).
86. Das Wesen des Sprachgeschehens und die Christologie. Warum hat die Predigt des Glaubens einen Text? ThViat 8 (Jahrbuch d.

Kirchlichen Hochschule Berlin 1961/62). Berlin: de Gruyter 1962, S. 38-51 (= GA Ⅲ, 231-248). Engl. Übers.: The Essence of the "Language - Event" and Christology, In: Fuchs, E.: Studies ... p. 213-228, [s. Nr. 104].

87. Die Spannung im neutestamentlichen Christusglauben. ZThK 59 (1962) 32-45 (= GA Ⅲ, 280-297).
88. Existentiale Interpretation von Römer 7,7-12 und 21-23. Dem Freunde Gerhard Ebeling zum 50. Geburtstag. ZThK 59 (1962) 285-314 (= GA Ⅲ, 364-401).
89. Proclamation and Speech-Event. ThToday 19 (1962) 341-354.
90. Artikel "Wahrheit" (Ⅰ. Im NT). In: RGG3, Bd. Bd. 6 (1962), Sp. 1515-1517.
91. Artikel "Universalismus und Partikularismus" (Ⅲ. Im NT). In: RGG3, Bd. 6 (1962), Sp. 1162-1164.
92. Antwort an Hans Werner Bartsch. MPTh 51 (1962) 348-350.
93. Friedrich Gogarten zum 75. Geburtstag am 13. Januar 1962. ThLZ 87 (1962) 231-232.
94. Das Wunder der Güte. Predigt über Mt 20,1-16. Predigten für Jedermann. Jahrgang 9, Nr, 3. Bad Cannstatt: R. Müllerschön Verlag 1962. 8 S. (= GA Ⅲ, 471-479).
95. [Predigt - Meditation zu] Röm 13,8-10 (4. Sonntag nach Epiphanias). In: Göttinger Predigt - Meditationen 16 (1961/62) 92-94,
96. [Predigt - Meditation zu] Röm 6,19-23 (7. Sonntag nach Trinitatis). In: Göttinger Predigt - Meditationen 16 (1961/62) 254-257.

— 1963

97. Hermeneutik [nebst] Ergänzungsheft mit Registern. 3. Auflage [Neuauflage von Nr. 36 - bzw. Nr. 55].
98. Das Christusverständnis bei Paulus und im Johannesevangelium. In: Jesus Christus. Das Christusverständnis im Wandel der Zeiten.

Eine Ringvorlesung der Theologischen Fakultät der Universität Marburg. (Marburger Theologische Studien, 1). Marburg: N. G. Elwert Verlag 1963, S. 11-20 (= GA Ⅲ, 298-313).

99. Was hat die christliche Verkündigung zu sagen? DtPfrBl 63 (1963) 479-483 (= GA Ⅲ, 416-432).

100. Theologie oder Ideologie. Bemerkungen zu einem heilsgeschichtlichen Programm [zu W. Pannenberg: Offenbarung als Geschichte. Gö -ttingen 1961]. ThLZ 88 (1963), Sp. 257-260.

101. Der Glaube muß her. In: Sonntagsblatt Nr. 19, v. 12. 5. (Hamburg 1963), S. 3.

102. Apostolicum und neuer Glaube (Aus einem Brief von Ernst Fuchs). Kirche in der Zeit 18 (1963) 111-112.

103. [Predigt - Meditation zu] Lk 9,57-62. (5. Sonntag nach Trinitatis). In: Göttinger Predigt - Meditationen 17 (1962/63) 255-258.

## 1964

104. Studies of the Historical Jesus. Trans. by Andrew Scobie. London : SCM Press 1964. 239 p. (Studies in Biblical Theology, No. 42).

105. The New Testament and the hermeneutical problem. In: The New Hermeneutic. (New Frontiers in Theology. Discussions among continental and American Theologians, Vol. Ⅱ). New York - London: Harper & Row 1964, p. 111-145. [dt. s. Nr. 77 und Nr. 123].

106. Response to the American discussion. In: The New Hermeneutic ... [s. Nr.105], p. 232-243. [dt. s. Nr. 124].

107. Jesus Christus. In: Theologie für Nichttheologen. ABC protestantischen Denkens. Zweite Folge.Hrsg. v. H. J. Schultz. Stuttgart: Kreuz-Verlag 1964, S. 87-92 (= GA Ⅲ, 445-451). ["Theologie für Nichttheologen. ABC protestantischen Denkens" erschien zuerst in 4 Einzelbänden und wurde 1966 vom Kreuz-Verlag in einem

Band zusammengefaßt herausgegeben. fuchs' Artikel "Jesus Christus" dort S. 185-189].

108. Das hermeneutische Problem. In : Zeit und Geschichte. Dankesgabe an Rudolf Bultmann zum 80. Geburtstag. Im Auftrage der Alten Marburger u. in Zusammenarbeit mit Hartwig Thyen, hrsg. v. Erich Dinkler. Tübingen: J. C. B. Mohr 1964, S. 357-366.

109. Artikel "σήμερον". ThW, Bd. 7, 269-274. [Engl. Übers. s. Nr. 154].

110. Artikel "σινιάζω". ThW, Bd. 7, S. 290-291. [Engl. Übers, s. Nr. 155].

111. Artikel "σχοπός σχοπέω χατασχοπέω χατάσχοπος". ThW, Bd.7, S. 415-419 [Engl. Übers. s. Nr. 156].

112. Artikel "ἐχτείνω ἐχτενής ἐχτενέστερον ἐχτένεια ὑπερεχτείνω". In: Theological Dictionary of the New Testament (Kittel). Translator and Editor: G. W. Bromiley. Vol. II. Grand Rapids (Michigan): Eerdmans Publishing Company 1964, p. 460-465. [dt. s. Nr. 13].

113. Rudolf Bultmann. Ein Gruß seiner Fakultät zum 80. Geburtstag. ThLZ 89 (1964) Sp. 795-796.

114. Kritik an Jesus? Eine Pfingstbetrachtung. In: Kirche in der Zeit 19 (1964) 244-246.

115. Thesen zur Auferstehungsfrage. In: Kirche in der Zeit 19 (1964) 581.

116. [Besprechung von] Lothar Steiger: Die Hermeneutik als dogmatisches Problem. Eine Auseinandersetzung mit dem transzendentalen Ansatz des theologischen Verstchens. Gütersloh 1961. - ThLZ 89 (1964) Sp. 295-300.

117. [Predigt - Meditation zu] Offb 3,1-6 (2. Advent). In: Göttinger Predigt - Meditationen 18 (1963/64) 13-17.

118. [Predigt - Meditation zu] 1. Thess 1,2-10 (14. Sonntag nach Trinitatis). In: Göttinger Predigt - Meditationen 18 (1963/64)

299-303.

## 1965

119. Glaube und Erfahrung. Zum christologischen Problem im Neuen Testament, (Gesammelte Aufsätze, Ⅲ). Tübingen: J, C. B. Mohr 1965. 523 S. (= GA Ⅲ). Darin an unveröffentlichten Aufsätzen u. Vorträgen:

Einleitung. Zur Frage nach dem historischen Jesus. Ein Nackwort, S. 1-31.

Vom Glaubensbekenntnis B. (1935), S. 83-96.

Über die Möglichkeit, Gott zu erfahren (1963), S. 174-192.

Über die Selbstbeherrschung als Bedingung einer christlichen Existenz im Selbstverständnis des Apostels Paulus (1961), S. 314-333.

Die Zukunft des Glaubens nach 1. Thess 5,1-11 (1963), S. 334-363.

Das Fest der Verlorenen. Existentiale Interpretation des Gleichnisses vom verlorenen Sohn (1963), S. 402-415.

Der historische Jesus als Gegenstand der Verkündigung (1963), S. 433 bis 444.

Die Wirklichkeit Jesu Christi. Zu einer Disputation mit Prof. W, Künneth (1964), S. 452-470.

Adventsansprache (1963), S. 480-486.

120. Zum hermeneutischen Problem in der Theologie. Die existentiale Interpretation. 2., durchgesehene Auflage [s. Nr. 61].

121. Zur Frage nach dem historischen Jesus. 2., durchgesehene Auflage [s. Nr. 67].

122. Das urchristliche Sakramentsverständnis. Vorlesungen. 2., erweiterte Auflage. Bad Cannstatt: R. Müllerschön Verlag 1965. 58 S. [s. Nr. 54. Die zweite Auflage wurde um Teil C, einen in Kassel 1962 gehaltenen Vortrag "Erwägungen über das Abendmahl im Neuen Testament" erweitert].

123. Das Neue Testament und das hermeneutische Problem. In: Die Neue Hermeneutik (Neuland in der Theologie. Ein Gespräch zwischen amerikanischen und europäischen Theologen, II). Hrsg. v. James M. Robinson u. John B. Cobb, jr, Zürich - Stuttgart: Zwingli-Verlag 1965, S. 147-186 [Wiederabdruck v. Nr. 77. - Engl. Übers., s. Nr. 105].

124. Antwort auf die amerikanischen Beiträge. In: Die Neue Hermeneutik ... [s. Nr. 123], S. 299-311, - [Engl. Übers., s. Nr. 106].

125. Must One Believe in Jesus if He Wants to Believe in God? Preliminary Reflections on the Interpretation of I Cor 15,1-11. Journ. Theol. Church 1 (1965) 147-168 [dt. s. Nr. 78].

126. Der Streit geht um das kirchliche Amt. Offener Brief an Pfarrer lic. E. Günther. DtPfrBl 65 (1965) 57-60.

127. [Besprechung von] Otto Küster: Glauben müssen? Theologische Essays. Stuttgart: Klett-Verlag 1963. - MPTh 54 (1965) 313-314.

128. [Predigt - Meditation zu] Mk 1,9-15 (Epiphanias). In: Göttinger Predigt - Meditationen 19 (1964/65) 63-68.

129. Ewiges Leben. Predigt über Joh 5,24. Predigten für Jedermann. 12. Jahrgang, Nr. 11. Bad Cannstatt: R. Müllerschön Verlag 1965. 9 S.

130. Kanon und Kerygma. Ein Referat. ZThK 63 (1966) 410-433.

131. Die Logik des paulinischen Glaubens. In: Geist und Geschichte der Reformation. Festgabe Hanns Rückert zum 65. Geburtstag, dargebracht von Freunden, Kollegen und Schülern. Berlin: Walter de Gruyter 1966, S. 1-14.

132. Der Weg des Glaubens, ein Weg in die Zukunft. DtPfrBl 66 (1966)$^4$ /648- $^8$/653 [Sonderausgabe].

133. Der Theologe Karl Barth. Zu seinem 80. Geburtstag. ZThK: 63 (1966) 188-199.

134. Zur Bekenntnisbewegung. Ein Interview mit Professor Ernst Fuchs. In:

Blick in die Kirche. Informationsdienst für die Evangelische Kirche von Kurhessen - Waldeck, Heft 2 (1966) 10-13. Auch in: JK 27 (1966) 488-491. Ebenso in: Protestantische Texte aus dem Jahre 1966. Dokument - Bericht - Kommentar. Stuttgart - Berlin: Kreuz-Verlag 1967, S. 119-125.

135. Nicht irgend jemand, sondern Gott selbst. In: Sonntagsblatt, Jahrgang 19, Nr. 13 vom 27. März (Hamburg 1966), S. 14.

136. Kein Urlaub vom Nächsten. 9. Sonntag nach Trinitatis (Glauben und Verstehen, X). In: Sonntagsblatt, Jahrgang 19, Nr. 32 vom 7. August (Hamburg 1966), S. 3.

137. [Predigt - Meditation zu] 1. Tim 1,12-17 (3. Sonntag nach Trinitatis). In: Göttinger Predigt - Meditationen 20 (1965/66) 274-277.

138. Programm der Entmythologisierung. Dritte um eine Ansprache und eine Predigt erweiterte Auflage [s. Nr. 37 bzw. Nr. 66] Bad Cannstatt: R. Müllerschön Verlag 1967. 50 S. (Die Ansprache von 25, Dez. 1966 trägt den Titel: "Das Wort ward Fleisch" ..., S. 41-50. Die Predigt über Matth 17,2-9 vom 15. 1. 1967 trägt den Titel: "Der Sohn Gottes", S. 33-39).

139. Was ist Wirklichkeit? Anmerkungen zum Wesen der Sprache. In: Theologia Practica 2 (1967) 1-14. Wiederabgedruckt als Schußstück der "Marburger Hermeneutik" ... [s. Nr. 144], S. 227-248.

140. Il Nuovo Testamento e il problema ermeneutico. Nel: Robinson, James M. ed. Ernst Fuchs: La nuova ermeneutica. Edizione italiana a cura di Antonio Ornella. Traduzione di Giovanni Torti. Brescia: Paideia 1967, p. 99-140. [Übersetzung von Nr. 77]. 141. Freiheit zur Theologie. In: Der Evangelische Erzieher. Zeitschrift für Pä -dagogik und Theologie 19 (1967) 165-171.

142. Die Liebe (Predigt über 1. Kor 13), In: Predigten für Jedermann, Jahrgang 14. Nr. 7. Bad Cannstatt: R. Müllerschön Verlag 1967. 5 S. Wiederabgedruckt als Anhang zur "Marburger Hermeneutik" [s. Nr. 144), S. 249-252.

143. [Predigt - Meditation zu] Apostelgeschichte 13, 14-16a, 26-33, 37-39 (Ostermontag). In: Göttinger Predigt - Meditationen 21 (1966/67) 182-184.

## 1968

144. Marburger Hermeneutik. Tübingen: J, C. B. Mohr 1968. 277 S.

## 1969

145. Gebet und Gebetssituation. Ein Vortrag. - EvTh 29 (1969) 133-144.
146. Glauben und Verstehen. (Rundfunkansprache v. 17. 8. 1969 zu Rudolf Bultmanns 85. Geburtstag.) -ZThK 66 (1969) 345-353.
147. Glaube sans phrase. Zur Auslegung von 2. Kor 5,1-5. In: Studien zur Geschichte und Theologie der Reformation. Festschrift für Ernst Bizer. Hrsg. v. Luise Abramowski u. J. F. Gerhard Goeters. Neukirchen: Neukirchener Verlag 1969, S. 21-31.
148. On the Task of a Christian Theology. On Ernst Käsemann's Essay "The Beginnings of Christian Theology". Journ. Theol. Church 6 (1969) 69-98. [dt. s. Nr. 79]

## 1970

149. Jesus. Wort und Tat. (Vorlesungen sum Neuen Testament, 1) Tübingen: J. C. B. Mohr 1970. 160 S.
150. Hermeneutik. 4., durchgcsehene Auflage [s. Nr. 36, 55, 97] Tübingen: J. C. B. Mohr 1970. 294 S. [Die 1.-3. Auflage erschien bei R. Müllerschön Verlag, Bad Cannstatt]. 151. Das Doppelgebot der Liebe. In: Maßstäbe für die Zukunft. Neue Aspekte christlicher Ethik in einer veränderten Welt. Hrsg. v. H. J. Girock. Hamburg: Furche-Verlag 1970, S. 13-23.
152. Gott und Mensch im Text und als Text. ZThK 67 (1970)

321-334.

## 1971

153. Die sakramentale Einheit von Wort und Tat. ZThK 68 (1971) 213-226.

154 Artikel "σήμερον". In: Theological Dictionary ... [s. Nr. 112] Vol. VII, p. 269-275. [dt. s. Nr. 109].

155 Artikel "σινιάζω". In: Theological Dictionary ..., p. 291-292 [dt. s. Nr. 110].

156 Artikel "σχοπός σχοπέω χατασχοπέω χατάσχοπος". In: Theological Dictionary ..., p. 413-417. [dt. s. Nr. 111].

## 1972

157. Neues Testament und Wort Gottes. Rückblick auf zwei Vorlesungen in Kopenhagen und Aarhus (30. 9./1, 10. und 2./3. 10. 1968).- ThLZ 97 (1972), Sp. 1-16,

158. Neun einleitende Thesen zum Ansatz einer christlichen Theologie (Marburg, 21. 1. 1970). In: Rien Heijne: Sprache des Glaubens. Systematische Darstellung der Theologie von Ernst Fuchs. Tübingen: Mohr 1972, S. 178 f.

159. Vom Absoluten. Predigt am 1. Sonntag nach Epiphanias (11. 1. 1970) im Marburger akademischen Gottesdienst. In: Rien Heijne: Sprache ... [s. Nr. 158], S. 180-185.

160. Nachwort von Ernst Fuchs [zu Rien Heijne: Sprache ... (5. Nr. 158)], S. 186.

## 1973

161. Am Ostersonntag. In: Neue Zürcher Zeitung. Jahrg. 194, Nr. 185 vom 22, April 1973, S. 1.

162. Fuchs, Ernst - Walter Künneth: Die Auferstehung Jesu Christi von den Toten. Dokumentation eines Streitgesprächs. Nach einer Tonbandaufzeichnung hrsg. von Christian Möller. Neukirchen: Neukirchener Verlag 1973. 172 S.
163. Sprache und Menschwerdung. - In: Bijdragen. Tijdschrift voor Filosofieen Theologie 44 (1973), S. 2-14.
164. Die Herrschaft Christi. Zur Auslegung von 1 Kor 6,12-20. In: Neues Testament und christliche Existenz. Festschrift für Herbert Braun z. 70. Geburtstag am 4. Mai 1973. Hrsg. v. H. D. Betz u. L. Schottroff. Tübingen: J. C. B. Mohr 1973, S. 183-193.

## 에벨링의 참고문헌

### _ 1933

1. 36. Christliche Studentenkonferenz in Aarau (16.-18. März) (Neue Zürcher Zeitung, 26. 3. 1933, Nr. 541, Bl. 7).

### _ 1940

2. Bibelarbeit November: Gespräche Jesu (Jungwerk. Anleitungen für die Zusamnmenkünfte der Mädchen in der evang, Kirchgemeinde 7, 1940, Nr. 5, 56-59).
3. Rez.: Dietrich Bonhoeffer, Gemeinsames Leben (TEH 61), München 1939 (VF [1] 1940, Lfg. 1/2, 7-8).
4. Rez.: Friedrich Delekat, Die heiligen Sakramente und die Ordnungen der Kirche. Ein Beitrag zur Lehre von der Sichtbarkeit der Kirche (FurSt 22), Berlin 1940 (ebd. 8-11).
5. Rez.: Trost und Freude. Ein Jahrgang Predigten. In Gemeinschaft mit Freunden hg. v. Georg Merz und Wilhelm Grießbach, München 1940 (ebd. 11-12).

## 1942

6. Evangelische Evangelienauslegung. Eine Untersuchung zu Luthers Hermeneutik (FGLP X, 1), München: Kaiser 1942, 539 S. Fotomechanischer Nachdruck mit einem Vorwort zur Neuausgabe und den Berichtigungen und Ergänzungen zur 1. Auflage, Darmstadt: Wiss. Buchgesellschaft 1962, VIII, 542 S. (Nachdrucke 1966 und 1969).

## 1947

7. Kirchenzucht, Stuttgart: Kohlhammer 1947, 59 S.
8. Kirchengeschichte als Geschichte der Auslegung der Heiligen Schrift (SGV 189), Tübingen: Mohr 1947, 28 S. Abgedr.: WGT 9-27.
9. Zum 31. Oktober 1517 (Die Stimme der Kirche. Evgl. Gemeindeblatt für Tübingen 1, 1947, Nr, 2, 2).

## 1950

10. Die Bedeutung der historisch-kritischen Methode für die protestantische Theologie und Kirche (ZThK 47, 1950, 1-46). Abgedr.: WG 1-49.
11. Zur Lehre vom triplex usus legis in der reformatorischen Theologie (ThLZ 75 1950, 235-246), Abgedr.: WG 50-68.
12. Zur Frage nach dem Sinn des mariologischen Dogmas (ZThK 47, 1950, 383-391). Abgedr.: WGT 175-182.

## 1951

13. Ich glaube an Jesus Christus. Eine Auslegung des 2. Glaubensartikels. IV: "Niedergefahren zur Hölle, am dritten Tage auferstanden von den Toten, aufgefahren gen Himmel, sitzend zur Rechten Gottes, des allmä -chtigen Vaters." Vortrag vor der Evangelischen Studentengemeinde in

Tübingen, Wintersemester 1950/51, Tübingen 1951, 15 S.
14. Die Anfänge von Luthers Hermeneutik (ZThK 48, 1951, 172-230). Abgedr.: LuSt I, 1-68.

## _ 1952

15. Zur Geschichte des konfessionellen Problems (ÖR 1, 1952, 98-110). Abgedr.: WGT 41-55.

## _ 1953

16. Luthers Psalterdruck vom Jahre 1513 (ZThK 50, 1953, 43-99). Abgedr.: Lust I, 69-131.
17. Luthers Auslegung des 14. (15.) Psalms in der ersten Psalmenvorlesung im Vergleich mit der exegetischen Tradition (ebd. 280-339). Abgedr.: LuSt I, 132-195.
18. Rez.: Rudolf Bohren, Das Problem der Kirchenzucht im Neuen Testament, Zollikon-Zürich 1952 (ELB März 1953, 178-179).

## _ 1954

19. Die Geschichtlichkeit der Kirche und ihrer Verkündigung als theologisches Problem (SGV 207/208), Tübingen: Mohr. 1954, 93 S. englisch: The Problem of Historicity in the Church and its Proclamation. Translated by Grover Foley, Philadelphia: Fortress Press 1967, VII, 120 S. (darin V f: Preface to the American edition). Auszug: Reformation und Protestantismus. Tradition als kirchliches Problem (EvW 9, 1955, 369-371).
20. In memoriam Horst Stephan (ZThK 51, 1954, 1-2).
21. Deutscher Evangelischer Theologentag zu Berlin 3.-6. Januar 1954 (ThLZ 79, 1954, 193-194).
22. Ganze Menschen. Predigt über Jak. 1,2-12 gehalten am 14. 3. 1954 in Tübingen (Predigten für Jedermann 1, Nr. 8), Bad

Cannstatt: Müllerschön 1954, 11 S. Abgedr.: Christus allein. Beispiele evangelischer Predigt in der Gegenwart, hg. v. O. Müllerschön, Bad Cannstatt 1967, 39-49.

23. Wiederkehr des Nationalsozialismus (Schwäbisches Tagblatt Jahrg. 10, Nr. 250, 27. 10. 1954).

## 1955

24. Georg Wehrung zum 75. Geburtstag (Schwäbisches Tagblatt Jahrg. 11, Nr. 230, 5. 10. 1955).
25. The Meaning of "Biblical Theology" (JThS 6, 1955, 210-225). Abgedr.: On the Authority of the Bible. Some recent Studies by L. Hodgson, C. F. Evans, J. Barnaby, G. Ebeling, D. E. Nineham, London 1960, 49-67. deutsch: Was heißt "Biblische Theologie"? (WG 69-89).
26. Die "nicht-religiöse Interpretation biblischer Begriffe" (ZThK 52, 1955, 296-360). Abgedr.: Die mündige Welt II, München 1956, 12-73; WG 90-160. italienisch: La "interpretazione non-religiosa dei concetti biblici". Traduzione di Giuseppe Ruggieri (dossier-bonhoeffer, Brescia 1971, 59-149).

## 1956

27. Der Kongreß für Luther-Forschung in Aarhus (Neue Zürcher Zeitung, 4. 9. 1956, Nr. 2442, Bl. 6; Fernausgabe: 7. 9. 1956, Nr. 247, Bl, 2).
28. Theologie und Wirklichkeit (Neue Zürcher Zeitung, 25. 11. 1956, Nr. 3359, Bl. 5; Fernausgabe: 24. 11. 1956, Nr. 324, Bl. 11). Abgedr.: ZThK 53, 1956, 372-383; WG 192-202; Kirche und Verkündigung. Aufsätze zum Kerygma der Gegenwart, Berlin 1960, 47-56.
29. Der feste Grund des Glaubens und die Erschütterungen unserer Zeit (Univ. 11, 1956, 1241-1251).

## 1957

30. Unglaube und Glaube. Predigt über Luk. 18,9-14 (Predigten für Jedermann 4, Nr. 10), Bad Cannstatt: Müllerschön 1957, 12 S. Abgedr.: Christus allein. Beispiele evangelischer Predigt in der Gegenwart, hg. v. O. Müllerschön, Bad Cannstatt 1967, 129-138.

## 1958

31. Was heißt Glauben? (SGV 216), Tübingen: Mohr 1958, 18 S. Abgedr.: WG III, 225-235.
32. Pfingsten (Neue Zürcher Zeitung, 25. 5. 1958, Nr. 1521, Bl. 1; Fernausgabe: 25. 5. 1958, Nr. 142, Bl. 1). Abgedr.: Kirche und Verkündigung. Aufsätze zum Kerygma der Gegenwart, Berlin 1960, 425-428; WG 111, 309-315. Auszug: Mut zum Leben (KiZ 13, 1958, 212).
33. Art. "Geist und Buchstabe", RGG3 II, 1958, 1290-1296.
34. Jesus und Glaube (ZThK 55, 1958, 64-110). Abgedr.: WG 203-254.
35. Erwägungen zur Lehre vom Gesetz (ebd. 270-306). Abgedr.: WG 255-293.
36. Luthers Auslegung des 44. (45.) Psalms (Lutherforschung heute. Referate und Berichte des 1. Internationalen Lutherforschungskongresses Aarhus, 18.-23. August 1956, hg, v. V. Vajta, Berlin 1958, 32-48). Abgedr.: LuSt I, 196-220.
37. Kritiker der Kirche: Dietrich Bonhoeffer (Kritik an der Kirche, hg. v. H. J. Schultz, Stuttgart-Olten-Freiburg 1958, 313-318). Abgedr.: WG 294-299.

## 1959

38. Wort Gottes und Sprache (Neue Zürcher Zeitung, 8. 3. 1959, Nr. 684, Bl. 5; Fernausgabe: 7. 3. 1959, Nr. 65, Bl. 10).

Abgedr.:SBl 12, 22. 3. 1959, Nr.12, l6f; Das Wesen des christlichen Glaubens (s. Nr. 40), 243-256; Protestantismus heute, hg. v. F. H. Ryssel (UllsteinBuch 255), Frankfurt/M. 1959, 22-31.

39. Art. "Hermeneutik", RGG3 Ⅲ, 1959, 242-262.
40. Das Wesen des christlichen Glaubens, Tübingen: Mohr 1959, 256 S. (Nachdrucke: 1960, 1961, 1963). - Siebenstern-Taschenbuch 8: 1964 (Nachdrucke: 1965, 1967); Gütersloher Taschenbücher/ Siebenstern 8: 4. Aufl. 1977. englisch: The Nature of Faith. Translated by Ronald Gregor Smith, London: Collins 1961, 191 S.; Philadelphia: Muhlenberg Press 1961. - Paperback edition: London: Collins 1966; Philadelphia: Fortress Press 1967 (Nachdrucke 1969, 1980). französisch: L'essence de la foi chre,tienne. Traduit par Gwendoline Jarczyk avec la collaboration do Luce Giard, Paris: Editions du Seuil 1970, 222 S. holländisch: Christelijk geloof. Vertaling: M. M. Van Hengel-Baauw (Carillon-Speciaal Reeks 5), Amsterdam: ten Have 1963, 238 S. italienisch: La chiamata all'esistenza nella fede. Premessa di Rene, Marle, S.J. Traduzione di Michele Biscione (Teologia in Cammino 7), Torino: Gribaudi 1971, 207 S. japanisch: Tokyo: Shinkyo Shuppansha 1963, 290 S. koreanisch: übersetzt von Hyuk Heu, Seoul 1969, 234 S. spanisch: La esencia de la fe cristiana. Traduccio,n por Carlos de la Sierra (Coleccion Nuevas Fronteras), Madrid: Marova; Barcelona: Fontanella 1974, 223 S. Auszüge (aus Kap. IV und V): Der Anführer und Vollender des Glaubens (SBl 12, 2. 8. 1959, Nr. 31, l6f.31): Die Verkündigung Jesu (Univ. 26, 1971, 269-275): dasselbe spanisch: El mensaje do Jesu,s (Universitas. Edicio,n Trimestral en Lengua Espan/ola 9, 1971/72, 339-344).
41. Die Frage nach dem historischen Jesus und das Problem der Christologie (ZThK. B 1, 1959, 14-30). Abgedr.: WG 300-318.
42. Unser Vater. Predigt über. Matth. 6,9a (Predigten für Jedermann 6, Nr. 10), Bad Cannstatt: Müllerschön 1959, 11 S, Abgedr.: Vom Gebet (s. Nr. 70) 9-26.

43. Wort Gottes und Hermeneutik (ZThK 56, 1959, 224-251). Abgedr.: WG 319-348; NLT Ⅱ: Die Neue Hermeneutik, Zürich-Stuttgart 1965, 109-146. englisch: Word of God and Hermeneutic (NFT Ⅱ: The New Hermeneutic, New York-Evanston-London 1964, 78-110).

44. Weltliches Reden von Gott (Frömmigkeit in einer weltlichen Welt, hg. v. H. J. Schultz, Stuttgart-Olten-Freiburg 1959, 63-73). Abgedr.: Ref. 9, 1960, 195-203: Univ. 15, 1960, 631-640; WG 372-380.

45. Elementare Besinnung auf verantwortliches Reden von Gott (Der Auftrag der Kirche in der modernen Welt. Festgabe zum 70. Geburtstag von Emil Brunner, Zürich-Stuttgart 1959, 19-40). Abgedr.: WG 349-371.

— 1960

46. Art. "Luther Ⅱ. Theologie", RGG3 'IV, 1960, 495-520.

47. Die Welt als Geschichte (Mensch und Kosmos. Eine Ringvorlesung der Theologischen Fakultät Zürich, Zürich-Stuttgart 1960, 103-114). Abgedr.: WG 381-392.

48. Dein Reich komme. Predigt über Matth. 6,10a (Predigten für Jedermann 7, Nr. 6), Bad Cannstatt: Müllerschön 1960, 8 S. Abgedr.: Vom Gebet (s. Nr. 70) 37-50.

49. Wort und Glaube, Tübingen: Mohr 1960, Ⅶ, 463 S. -2. Aufl. 1962. -3. Aufl. durch ein Register erweitert, 1967, Ⅶ, 482 S. Abdruck von Nr. 10. 11. 25. 26. 28. 34. 35. 37. 41. 43. 44. 45. 47. Erstveröffentlichung von Nr. 50-54. englisch: Word and Faith. Translated by James W. Leitch, London: SCM Press 1963, 442 S. (darin 9-11: Preface to English edition); Philadelphia: Fortress Press 1963. italienisch: Parola e fede. Traduzione di Giorgio Mion (La Ricerca Religiosa. Studi e Testi 12), Milano: Bompiani 1974, 247 S. (enthält nur Nr. 26. 34. 37. 41. 43-45. 51. 53).

50. Die kirchentrennende Bedeutung von Lehrdifferenzen (WG 161-191).

51. Glaube und Unglaube im Streit um die Wirklichkeit (WG 393-406). Abgedr.: Radius. Vierteljahresschrift der Evang. Akademikerschaft in Deutschland 1960, H. 3, 3-9; Glauben heute. Ein Lesebuch zur evangelischen Theologie der Gegenwart, hg. v. G. Otto (Stundenbücher 48), Hamburg 1965, 15-32. holländisch in: Hedendaags geloof. Een keuze uit de protestantse theologische literatuur van deze tijd, Hilversum 1966, 15-27.

52. Die Notwendigkeit der Lehre von den zwei Reichen (WG 407-428).

53. Theologische Erwägungen über das Gewissen (WG 429-446). Abgedr.: SThU 30, 1960, 180-193; Das Gewissen in der Diskussion, hg. v. J. Blü -hdorn (WdF 37), Darmstadt 1976, 142-161.

54. Diskussionsthesen für eine Vorlesung zur Einführung in das Studium der Theologie (WG 447-457).

55. Die Evidenz des Ethischen und die Theologie (ZThK 57, 1960, 318-356). Abgedr.: WG II, 1-41. englisch: Theology and the Evidentness of the Ethical (JTC 2, 1965, 96-129).

## 1961

56. Zwei Glaubensweisen? (Juden, Christen, Deutsche, hg. v. H. J. Schultz, Stuttgart-Olten-Freiburg 1961, 159-168). Abgedr.: WG III, 236-245.

57. Hauptprobleme der protestantischen Theologie in der Gegenwart. Anfragen an die Theologie (ZThK 58, 1961, 123-136). Abgedr.: ZdZ 15, 1961, 321-329; WG II, 56-71. englisch: The Chief Problems of Protestant Theology in the Present. Questions Put to Theology (JTC 3, 1967, 152-164).

58. Der Grund christlicher Theologie. Zum Aufsatz Ernst Käsemanns über "Die Anfänge christlicher Theologie" (ebd. 227-244). Abgedr.: WG II, 72-91. englisch: The Ground of Christian Theology (JTC 6, 1969, 47-68).

59. Verantworten des Glaubens in Begegnung mit dem Denken M.

Heideggers. Thesen zum Verhältnis von Philosophie und Theologie (ZThK. B 2, 1961, 119-124). Abgedr.: WG II, 92-98.

60. Dein Name werde geheiligt. Predigt über Matth. 6,9b (Predigten für Jedermann 8, Nr. 12), Bad Cannstatt: Müllerschön 1961, 8 S. Abgedr.: Vom Gebet (s. Nr. 70) 27-36.

— 1962

61. Das Grund-Geschehen von Kirche (MPTh 51, 1962, 1-4). Abgedr.: WG III, 463-467.
62. Theologie und Verkündigung. Ein Gespräch mit Rudolf Bultmann (HUTh 1), Tübingen: Mohr 1962, XII, 146 S. - 2. durchgesehene Aufl. 1963. englisch: Theology and Proclamation. A Discussion with Rudolf Bultmann. Translated by John Riches, London: Collins 1966, 187 S. - Theology and Proclamation. Dialogue with Bultmann, Philadelphia: Fortress Press 1966. französisch: Theo, logie et proclamation. Traduit par Renato Delorenzi et Luce Giard, Paris: Editions du Seuil 1972, 188 S. italienisch: Teologia e annuncio. Introduzione di Carmelo Failla. Traduzione di Girolamo Brunetti a cura di Carmelo Failla, Rom: Citta. Nuova editrice 1972, 221 S.
63. Wort Gottes und kirchliche Lehre (MdKI 13, 1962, 21-28). Abgedr.: WGT 155-174; Konfession und Ökumene, hg. v. H. Ristow und H. Burgert, Berlin 1965, 55-71.
64. Art. "Theologie I. Begriffsgeschichtlich", RGG³ VI, 1962, 754-769.
65. Art. "Theologie und Philosophie I. Problemstrukturen - II. Historisch - III. Dogmatisch", ebd. 782-830.
66. Art. "Tradition VII. Dogmatisch", ebd. 976-984.
67. Dein Wille geschehe. Predigt über Matth. 6,l0b (Predigten für Jedermann 9, Nr. 9), Bad Cannstatt: Müllerschön 1962, 8 S. Abgedr.: Vom Gebet (s. Nr. 70) 51-66.

## 1963

68. Die Botschaft von Gott an das Zeitalter des Atheismus (MPTh 52, 1963, 8-24). Abgedr.: WG II, 372-395. englisch: The Message of God to the Age of Atheism (Graduate School of Theology Bulletin, Oberlin College 9, 1964, Nr. 1, 3-14).

69. Worthafte und sakramentale Existenz. Ein Beitrag zum Unterschied zwischen den Konfessionen (ILRef 6, 1963, 5-29). Abgedr.: WGT 197-216.

70. Vom Gebet. Predigten über das Unser-Vater, Tübingen: Mohr 1963, 144 S. (Nachdruck 1965). - Siebenstern-Taschenbuch 89: 1967. S. 9-66 Abdruck von Nr. 42. 48. 60. 67. englisch: On Prayer. Nine Sermons. Introduction by David James Randolph. Translated by James W. Leitch (The Preacher's Paperback Library 6), Philadelphia: Fortress Press 1966, Xl, 145 S. - The Lord's Prayer in Today's World, London: SCM Press 1966, 140 S. - Amerikanische Paper-back-Ausgabe: On Prayer. The Lord's Prayer in Today's World, Philadelphia: Fortress Press 1978, 111 S. italienisch: Sulla preghiera. Prediche sul Padre Nostro. Traduzione di Francesco Coppellotti (Nuovi Saggi Queriniana 9), Brescia: Queriniana 1973. 100 S. japanisch: Tokyo: Orion Press 1980.

71. "Sola Scriptura" und das Problem der Tradition (Schrift und Tradition. Untersuchung einer theologischen Kommission. Ökumenischer Rat der Kirchen. Kommission für Glauben und Kirchenverfassung, hg. v. K. E. Skydsgaard und L. Vischer, Zürich 1963, 95-127, 172-183). Abgedr. : WGT 91-143; Das Neue Testament als Kanon. Dokumentation und kritische Analyse zur gegenwärtigen Diskussion, hg. v. E. Kä-semann, Göttingen 1970, 282-335.

## 1964

72. The New Hermeneutics and the Early Luther (ThTo 21, 1964, 34-46).

73. Kerygma (Theologie für Nichttheologen. ABC protestantischen Denkens, 2. Folge, hg. v. H. J. Schultz, Stuttgart-Berlin 1964, 93-99). Abgedr.: WG Ⅲ, 515-521.
74. Luthers Reden von Gott (Der Gottesgedanke im Abendland, hg. v. A. Schaefer [UB 79], Stuttgart 1964, 35-53). Abgedr.: Luther (s. Nr. 76) 280-309.
75. Zeit und Wort (Zeit und Geschichte. Dankgabe an Rudolf Bultmann zum 80. Geburtstag, hg. v, E. Dinkler, Tübingen 1964, 341-356). Abgedr.: Das Zeitproblem im 20. Jahrhundert, hg. v. R. W. Meyer (SD 96), Bern-München 1964, 342-361; WG Ⅱ, 121-137. englisch: Time and Word (The Future of Our Religious Past. Essays in Honour of R. Bultmann, ed. J, M. Robinson, New York 1971, 247-266).
76. Luther. Einführung in sein Denken, Tübingen: Mohr 1964, Ⅶ. 321 S. (Nachdruck 1965). - 2. unveränderte Aufl. 1974. -3. Aufl. 1978. -4. Aufl. (UTB 1090) 1981. Abdruck von Kap. X: Claube und Liebe (Martin Luther. 450 Jahre Reformation, Bad Godesberg [1967] $1970^2$, 69-80). englisch: Luther. An Introduction to his Thought. Translated by R. A. Wilson, London: Collins 1970, 287 S.; Philadelphia: Fortress Press 1970. - Amerikanische Paperback-Ausgabe 1972 (Nachdruck 1977). italienisch: Lutero. Un volto nuovo. Traduzione di Giorgio Beari, Roma: Herder; Brescia: Morcelliana 1970, 255 S. norwegisch: Luther. En innføring i hans tenkning. Oversatt av Svein Aage Christoffersen, Oslo: Gyldendal 1978, 211 S.
77. Calvins Vermächtnis (Ref. 13, 1964, 588-590).
78. Der hermeneutische Ort der Gotteslehre bei Petrus Lombardus und Thomas von Aquin (ZThK 61, 1964, 283-326). Abgedr.: WG Ⅱ, 209-256. englisrh: The Hermeneutical Locus of the Doctrine of God in Peter Lombard and Thomas Aquinas (JTC 3, 1967, 70-111).
79. Wort Gottes und Tradition. Studien zu einer Hermeneutik der Konfessionen (KiKonf 7), Göttingen: Vandenhoeck 1964, 235 S. -2. Aufl.

1966. Abdruck von Nr. 8. 12. 15. 63. 69. 71, Erstveröffentlichung von Nr. 80-85. englisch: The Word of God and Tradition. Historical Studies interpreting the Divisions of Christianity. Translated by S. H. Hooke, London: Collins; Philadelphia: Fortress Press 1968, 272 S. (darin 9f: Author's Foreword to the English Edition).

80. Über Aufgabe und Methode der Konfessionskunde (WGT 28-40).
81. Rußland und das Abendland in konfessionsgeschichtlicher Sicht (WGT 56-77).
82. Ist der konfessionelle Gegensatz auch ein philosophischer? (WGT 78-90).
83. Das Neue Testament und die Vielzahl der Konfessionen (WGT 144-154).
84. Das Priestertum in protestantischer Sicht (WGT 183-196).
85. Erwägungen zum evangelischen Sakramentsverständnis (WGT 217-226).

— 1965

86. Existenz zwischen Gott und Gott. Ein Beitrag zur Frage nach der Existenz Gottes (ZThK 62, 1965, 86-113). Abgedr.: WG II, 257-286. englisch: Existence between God and God: A Contribution to the Question of the Existence of God (JTC 5, 1968, 128-154).
87. Angenommen: Gott gibt es nicht (SBl 18, 12. 9. 1965, S. 3). englisch: What remains if God is eliminated? (The Drew Gateway 37, 1966/67, 20-27).
88. Hermeneutische Theologie? (KiZ 20, 1965, 484-491). Abgedr.: WG II, 99-120; Seminar: Die Hermeneutik und die Wissenschaften, hg. v. H.-G. Gadamer und G. Boehm (Suhrkamp Taschenbuch Wissenschaft 238), Frankfurt/M. 1978, 320-343.

## ― 1966

89. Gott und Wort, Tübingen: Mohr 1966, 91 S. Abgedr.: WG II, 396-432. englisch: God and Word. Translated by James W Leitch, Philadelphia: Fortress Press 1967, VII, 53 S. italienisch: Dio e parola. Traduzione di Francesco Coppellotti (Koinonia 6), Brescia: Queriniana 1969, 101 S.

90. Cognitio Dei et hominis (Geist und Geschichte der Reformation. Festgabe Hanns Rückert zum 65. Geburtstag, hg. v. H. Liebing und K. Scholder [AKG 38], Berlin 1966, 271-322). Abgedr.: LuSt I, 221-272.

## ― 1967

91. Das Verständnis von Heil in säkularisierter Zeit (Kontexte Bd. IV, hg. v. H. J. Schultz, Stuttgart-Berlin 1967, 5-14). Abgedr.: WG III, 349-361.

92. Das Problem des Natürlichen bei Luther (Kirche, Mystik, Heiligung und das Natürliche bei Luther. Vorträge des 3. Internationalen Kongresses für Lutherforschung, hg. v. I, Asheim, Göttingen 1967, 169-179), Abgedr.: LuSt I, 273-285.

93. Ewiges Leben (Das Glaubensbekenntnis. Aspekte für ein neues Verständnis, hg. v. G, Rein, Stuttgart-Berlin 1967, 67-71). Abgedr.: WG III, 455-460; ZdZ 32, 1978, 450-453.

94. Der königliche Mensch. Predigt über Psalm 8 (Predigten für Jedermann 14, Nr. 9), Bad Cannstatt: Müllerschön 1967, 8 S.

95. Gewißheit und Zweifel. Die Situation des Glaubens im Zeitalter nach Luther und Descartes (ZThK 64, 1967, 282-324). Abgedr.: WG II, 138-183.

96. Ein fröhliches Geschrei. Luther und die Bibel (DASBI 20, 29. 10. 1967, S. 22).

97. Verstehen und Verständigung in der Begegnung der Konfessionen (BenshH 33), Göttingen: Vandenhoeck 1967, 20 S. Abgedr.: WG

III, 468-483.

## 1968

98. Frei aus Glauben (SGV 250), Tübingen: Mohr 1968, 26 S. Abgedr.: LuSt I, 308-329.
99. Profanität und Geheimnis (ZThK 65, 1968, 70-92). Abgedr.: WG II, 184-208.
100. Rez.: Heinz Zahrnt (Hg.), Gespräch über Gott. Die protestantische Theologie im 20. Jahrhundert. Ein Textbuch, München 1968 (DASBl 21, 22. 9. 1968, S. 16).
101. Psalmenmeditationen, Tübingen: Mohr 1968, 176 S. italienisch: Sui salmi. Meditazioni. Traduzione di Francesco Coppellotti (Nuovi Saggi Queriniana 12), Brescia: Queriniana 1973, 123 S.
102. Frömmigkeit und Bildung. Zur 200. Wiederkehr von Schleiermachers Geburtstag (Neue Zürcher Zeitung, 24. 11. 1968, Nr. 727, S. 49-50; Fernausgabe: 24. 11. 1968, Nr, 323, S. 49-50). Längere Fassung s. Nr. 112.
103. Was heißt: Ich glaube an Jesus Christus? (Was heißt: Ich glaube an Jesus Christus? Zweites Reichenau-Gespräch, hg. v. der Evang. Landessynode in Württemberg, Stuttgart 1968, 38-77). Abgedr.: ZdZ 26, 1972, 360-368. 385-396; WG III, 270-308.
104. Schleiermachers Lehre von den göttlichen Eigenschaften (ZThK 65, 1968, 459-494). Abgedr.: WG II, 305-342. englisch: Schleiermacher's Doctrine of the Divine Attributes. Translated by James W. Leitch (JTC 7 [Schleiermacher as Contemporary, ed. R. W. Funk], 1970, 125-162; Response and Discussion ebd. 163-175).

## 1969

105. Der Theologe und sein Amt in der Kirche. Leitsätze (ZThK 66, 1969, 245-254). Abgedr.: WG III, 522-532.

106. Die Beunruhigung der Theologie durch die Frage nach den Früchten des Geistes (ebd. 354-368). Abgedr.: WG Ⅲ, 388-404. Gekü -rzter Vorabdruck: Neue Zürcher Zeitung, 17. 9. 1969, Nr. 570, S. 23-24; Fernausgabe: 18. 9. 1969, Nr. 257, S. 29-30.

107. Wort und Glaube Bd. Ⅱ: Beiträge zur Fundamentaltheologie und zur Lehre von Gott, Tübingen: Mohr 1969, Vl, 445 S. Abdruck von Nr. 55. 57-59. 68. 75. 78. 86. 88. 89. 95. 99. 104. Erstveröffentlichung von Nr. 108-110.

108. Die Krise des Ethischen und die Theologie. Erwiderung auf W. Pannenbergs Kritik (WG Ⅱ, 42-55),

109. "Was heißt ein Gott haben oder was ist Gott?" Bemerkungen zu Luthers Auslegung des ersten Gebots im Großen Katechismus (WG Ⅱ, 287-304).

110. Zum Verständnis von R. Bultmanns Auffatz: "Welchen Sinn hat es, von Gott zu reden?" (WG Ⅱ, 343-371).

111. Memorandum zur Verständigung in Kirche und Theologie (ZThK 66, 1969, 493-521).

Abgedr.: Schrift - Theologie - Verkündigung. Erarbeitet und mit Genehmigung des Rates der EKD hg. von dem theologisch-wissenschaftlichen Arbeitskreis "Schrift und Verkündigung", Gütersloh 1971, 24-49: WG Ⅲ, 484-514. englisch: Against the Confusion in Today's Christianity (Hermeneutics and the Worldliness of Faith. A Festschrift in Memory of Carl Michalson, ed. Ch. Courtney u. a. [The Drew Gateway 45, 1974/75, 203-229]).

— 1970

112. Frömmigkeit und Bildung (Fides et communicatio. Festschrift für Martin Doerne zum 70. Geburtstag, hg. v. D. Rössler u. a., Göttingen 1970, 69-100). Abgedr.: WG Ⅲ, 60-95. Gekürzte Fassung s. Nr. 102.

113. Die Notwendigkeit des christlichen Gottesdienstes (ZThK 67,

1970, 232-249). Abgedr.: WG Ⅲ, 533-553.

114. Erwägungen zu einer evangelischen Fundamentaltheologie (ebd. 479-524).

## 1971

115. Gedenkfeier für Amos Segesser in der Kirche Bassersdorf am 30. Dezember 1969, Privatdruck 1971.

116. Einführung in theologische Sprachlehre, Tübingen: Mohr 1971, XV, 264 S. englisch: Introduction to a Theological Theory of Language. Translated by R. A. Wilson, London: Collins 1973, 221 S.: Philadelphia: Fortress Press 1973. italienisch: Introduzione allo studio del linguaggio teologico. Traduzione di Luciano Tosti (Biblioteca di Cultura Religiosa 39), Brescia: Paideia Editrice 1981, 238 S.

117. Lutherstudien Bd. 1, Tübingen: Mohr 1971, XII, 341 S. Abdruck von Nr. 14. 16. 17. 36. 90. 92. 98. Erstveröffentlichung von Nr 118.119.

118. Luther und die Bibel (LuSt Ⅰ, 286-301).

119. Luthers Glaubensverständnis - Vergangenheit oder Zukunft? (LuSt Ⅰ, 302-307).

120. Überlegungen zur Theologie in der interdisziplinären Forschung (Interdisziplinäre Studien, hg. vom Zentrum für jnterdisziplinäre Forschung der Universität Bielefeld, Ⅱ: Die Theologie in der interdisziplinären Forschung, hg.v. J. B. Metz und T. Rendtorff, Düsseldorf 1971, 35-43).Abgedr.: WG Ⅲ, 150-163. italienisch: Riflessioni su una teologia impegnata nel dialogo interdisciplinare (Giornale di teologia 78: La teologia nella ricerca interdisciplinare, Brescia 1974, 62-79).

121. Leitsätze zur Frage der Wissenschaftlichkeit der Theologie (ZThK 68, 1971, 478-488). Abgedr.: WG Ⅲ, 137-149.

__ 1972

122. Schlechthinniges Abhängigkeitsgefühl als Gottesbewußtsein. Zur Interpretation der Paragraphen 4 bis 6 von Schleiermachers Glaubenslehre (Mutuum Colloquium. Festgabe aus Pädagogik und Theologie für Helmuth Kittel zum 70. Geburtstag, hg. v. P. C. Bloth u. a., Dortmund 1972, 89-108). Abgedr.: WG Ⅲ, 116-136,

123. Luther und der Anbruch der Neuzeit (ZThK 69, 1972, 185-213). Abgedr.: WG Ⅲ, 29-59. englisch: Luther and the Beginning of the Modern Age (Luther and the Dawn of the Modern Era. Papers for the Fourth International Congress for Luther Research, ed. H. A. Oberman [SHCT 8], Leiden 1974, 11-39).

124. Leitsätze zur Zweireichelehre (ebd. 331-349). Abgedr.: WG Ⅲ, 574-592.

__ 1973

125. Kritischer Rationalismus? Zu Hans Alberts "Traktat über kritische Vernunft", Tübingen: Mohr 1973, 132 S. - Zugleich: ZThK.B 3, 1973, XIV, 118 S, italienisch: Razionalismo critico e teologia. Traduzione: Dino Merli, Milano: Jaca Book 1974, 1-118.

126. Lebensangst und Glaubensanfechtung. Erwägungen zum Verhältnis von Psycho-therapie und Theologie (ZThK 70, 1973, 77-100). Abgedr.: Bethel 11 (Angefochtene Nachfolge), 1973, 89-111; WG Ⅲ, 362-387.

127. Beobachtungen zu Schleiermachers Wirklichkeitsverständnis (Neues Testament und christliche Existenz. Festschrift für Herbert Braun zum 70. Geburtstag, hg. v, H. D. Betz und L. Schottroff, Tübingen 1973, 163-181). Abgedr. : WG Ⅲ, 96-115.

128. Das Gebet (ZThK 70, 1973, 206-225). Abgedr.: WG Ⅲ, 405-427.

129. Ein Briefwechsel zwischen Wolfhart Pannenberg und Gerhard Ebeling (ebd. 448-473)
130. Die zehn Gebote in Predigten ausgelegt, Tübingen: Mohr 1973, 233 S.
131. Weimarer Lutherausgabe (Frankfurter Allgemeine Zeitung, 26. 9. 1973, Nr. 224, S. 23).
132. Vitales Interesse? (ebd., 5. 11. 1973, Nr. 258, S. 16).
133. Freundesbriefe von Ernst Fuchs, herausgegeben von Gerhard Ebeling (Festschrift für Ernst Fuchs, hg. v. G. Ebeling u. a., Tübingen 1973, 1-66).
134. Askese als politische Bewegung. Kirche im Horizont der Politik (EK 6, 1973, 733-739). Abgedr in ungekürzter Fassung: Kirche und Politik (WG III, 593-610).

— 1974

135. Ganz Historiker und ganz Theologe. Zum Tode von Hanns Rückert am 3. November (Neue Zürcher Zeitung, 8. 11. 1974, Nr. 486, S. 39; ebenso Fernausgabe).

— 1975

136. Studium der Theologie. Eine enzyklopädische Orientierung (UTB 446), Tübingen: Mohr 1975, XVI, 190 S. (Nachdruck 1977). englisch: The Study of Theology. Translated by Duane A. Priebe, Philadelphia: Fortress Press 1978, X, 196 S.; London: Collins 1979.
137. Antwort an Wolfgang Huber. (WPKG 64, 1975, 248-251).
138. Wort und Glaube Bd. III: Beiträge zur Fundamentaltheologie, Soteriologie und Ekklesiologie, Tübingen: Mohr 1975, XIV, 647 S. Abdruck von Nr. 31. 32. 56. 61 73. 91. 93. 97. 103. 105. 106. 111-113. 120-124. 126-128. 134. Erstveröffentlichung von

Nr. 139-148.

139. Die Klage über das Erfahrungsdefizit in der Theologie als Frage nach ihrer Sache (WG III, 3-28).

140. Zur Existenz theologischer Fakultäten an staatlichen Universitäten (WG III, 164-169).

141. Theologie zwischen reformatorischem Sündenverständnis und heutiger Einstellung zum Bösen (WG III, 173-204).

142. Das Problem des Bösen als Prüfstein der Anthropologie (WG III, 205-224).

143. Der Aussagezusammenhang des Glaubens an Jesus (WG III, 246-269),

144. Luthers Ortsbestimmung der Lehre vom heiligen Geiste (WG III, 316-348).

145. Erwägungen zur Eschatologie (WG III, 428-447).

146. Thesen zur Frage der Auferstehung von den Toten in der gegenwärtigen theologischen Diskussion (WG III, 448-454).

147. Fundamentaltheologische Erwägungen zur Predigt (WG III, 554-573).

148. Kriterien kirchlicher Stellungnahme zu politischen Problemen (WG III, 611-634).

149. Das Leben - Fragment und Vollendung. Luthers Auffassung vom Menschen im Verhältnis zu Scholastik und Renaissance (ZThK 72, 1975, 310-336).

## 1976

150. Evangelium und Religion (ZThK 73, 1976, 241-258). Abgedr.; ZdZ 31, 1977, 121-131.

151. Erfahrungen mit Liedern von Paul Gerhardt (MGD 30, 1976, 108). Abgedr.: Paul Gerhardt. Weg und Wirkung, hg. v. M. Jenny und E. Nievergelt, Zürich 1976, 57.

152. Der Lebensbezug des Glaubens. Über die verworrene Lage der Theologie (EK 9, 1976, 517-522). Abgedr.: Der Lebensbezug der Theologie (Was ist los mit der deutschen Theologie? Antworten auf eine Anfrage, hg. v. H. N. Janowski und E. Stammler, Stuttgart-Berlin 1978, 9-24).

## _ 1977

153. Heinrich Bornkamm. Zum Tode des Kirchenhistorikers (Neue Zürcher Zeitung, 25. 1. 1977, Nr. 20, S. 31; Fernausgabe: 26. 1. 1977, Nr. 21, S. 25).
154. Lutherstudien Bd. II: Disputatio de homine. 1, Teil: Text und Traditionshintergrund, Tübingen: Mohr 1977, XIV, 225 S.

## _ 1978

155. Schleiermacher åbenbaringsbegreb. Oppositionsindlæg til Theodor H. Jørgensens disputats "Das religionsphilosophische Offenbarung -sverständnis des späteren Schleiermacher", den 20. september 1977 (DTT 41, 1978, 1-10).
156. Vorbemerkung zur Edition (D. Martin Luthers Werke. Kritische Gesamtausgabe. Briefwechsel Bd. 15, Weimar 1978, IX).
157. Schrift und Erfahrung als Quelle theologischer Aussagen (ZThK 75, 1978, 99-116). Abgedr.: Bethel 19, 1978, 5-21.
158. Zur gegenwärtigen Lage der Theologie im Hinblick auf ihre Partizipation an den Geisteswissenschaften (Geisteswissenschaft als Aufgabe. Kulturpolitische Perspektiven und Aspekte, hg. v. H. Flashar u. a., Berlin-New York 1978, 99-112).
159. Gespräch mit Gerhard Ebeling (Raymond Mengus, Wirkungen. Gespräche über Dietrich Bonhoeffer mit E. Bethge, G. Ebeling, H. Gollwitzer. und W. A. Visser't Hooft [KT 35], München 1978, 66-82).

## ― 1979

160. Dogmatik des christlichen Glaulbens Bd. 1: Prolegomena. Erster Teil: Der Glaube an Gott den Schöpfer der Welt, Tübingen: Mohr 1979, XXVIII, 414 S. -2., durchgesehene Aufl. 1982.

161. Dogmatik des christlichen Glaubens Bd. II: Zweiter Teil: Der Glaube an Gott den Versöhner der Welt, Tübingen: Mohr 1979, XVII, 547 S.

162. Dogmatik des christlichen Glaubens Bd. III: Dritter Teil: Der Glaube an Gott den Vollender der Welt. - Register, Tübingen: Mohr 1979, XIX, 585 S.

163. Heinrich Bornkamm 26. 6. 1901-21. 1. 1977 (Jahrbuch der Heidelberger Akademie der Wissenschaften für das Jahr 1978, Heidelberg 1979, 63-65).

164. Fides occidit rationem. Ein Aspekt der theologia crucis in Luthers Auslegung von Gal 3,6 (Theologia crucis - Signum crucis. Festschrift für Erich Dinkler zum 70. Geburtstag, hg. v. C. Andresen und G. Klein, Tübingen 1979, 97-135).

165. Verfremdete Weihnacht (Jesus: für heute geboren. Politiker, Wissenschaftler Autoren antworten auf die Frage: Was bedeutet mir die Geburt Jesu?, Tübingen 1979, 10-13).

## ― 1980

166. Religionslose Welt? Religionsloses Christentum? (Unterwegs zur Einheit. Festschrift für Heinrich Stirnimann, hg. v. J, Brantschen und P. Selvatico, Freiburg/Schweiz 1980, 399-408).

167. Damit der Nobel zerreißt. Der Lauf des Evangeliums und der Lauf der Welt (LM 19, 1980, 396-402). Abgedr.: Lutherische Beiträge. Vierteljahrsschrift Evang.-Luth. Kirchen in der Schweiz und im Fürstentum Liechtenstein, 1980, H. 3,2-9; Confessio Augustana - Den Glauben bekennen. 450-Jahrfeier des Augsburger Bekenntnisses, hg. v. R. Kolb (Gütersloher Taschenbücher /

Siebenstern 381), Gütersloh 1980, 41-55; Amtsblatt der Evang.
-Luth. Kirche in Thüringen 34, 1981, Nr. 3, 23-28. Gekürzter
Abdruck: Evang. Gemeindeblatt für Augsburg 64, Nr. 27, 6. 7.
1980, 4: Nachrichten der Evang.-Luth. Kirche in Bayern 35,
1980, H. 13, 244- 248.

168. Dogmatik und Exegese (ZThK 77, 1980, 269-286).
169. Vorwort (D. Martin Luthers Werke. Kritische Gesamtausgabe. Briefwechsel Bd. 16, Weimar 1980, IX).
170. Hanns Rückert † (D. Martin Luthers Werke. Kritische Gesamtausgabe Bd. 60, Weimar 1980, VII-IX).
171 Gustav Bebermeyer † (ebd. XI-XII).
172. Hans Volz † (ebd. XIII-XV).
173. Vorwort (ebd. XVII)
174. Zu meiner "Dogmatik des christlichen Glaubens" (ThLZ 105, 1980, 721-733).

## 1981

175. Wachstumsprozeß einer Edition (Frankfurter Allgemeine Zeitung, 11. 3. 1981, Nr. 59, S. 10).
176. The Bible as a Document of the University (The Bible as a Document of the University, ed. H. D. Betz [Polebridge Books 3], Chico/calif, 1981, 5-23).
177. Wiederentdeckung der Bibel in der Reformation - Verlust der Bibel heute? (ZThK. B 5, 1981, 1-19).
178. Lüge kann Leben zerstören (Auszug aus dem Vortrag am Hamburger Kirchentag 1981: Von der Wahrheit des Glaubens) (Kirchentagstaschenbuch Hamburg 1981, hg. v. C. Wolf, Stuttgart 1981, 52-53).
179. Die Wahrheit des Evangeliums. Eine Lesehilfe zum Galaterbrief, Tübingen: Mohr 1981, XIV, 369 S.

180. Die Toleranz Gottes und die Toleranz der Vernunft (ZThK 78, 1981, 442-464). Auszug: Freiheit des Erwähltseins (Die Furche 37, Nr. 40, 7. 10. 1981).

## _ 1982

181. Zum Verhältnis von Dogmatik und Ethik (ZEE 26, 1982, 10-18).
182. Erneuerung aus der Bibel (Die Bibel In der Welt. Jahrbuck der Deutschen Bibelgesellschaft 19, 1982, 14-26).
183. Lutherstudien Bd. II: Disputatio de homine. 2. Teil: Die philosophische Definition des Menschen. Kommentar zu Thesen 1-19, Tübingen: Mohr 1982.

Als Herausgeber

Zeitschrift für Theologie und Kirche, 47. Jahrgang 1950-74. Jahrgang 1977 (Tübingen: Mohr). Beiträge zur historischen Theologie, Bd. 12, 1950- Bd. 57, 1978 (Tübingen: Mohr),

Als Mitherausgeber

Hermeneutische Untersuchungen zur Theologie, hg. v. Gerhard Ebeling, Ernst Fuchs, Manfred Mezger, Bd. 1, 1962 - Bd. 16, 1976; hg. v. Hans Dieter Betz, Gerhard Ebeling, Ernst Fuchs, Manfred Mezger, ab Bd. 17, 1981 (Tübingen: Mohr).

Journal for Theology and the Church, ed. Robert W. Funk in association with Gerhard Ebeling, Vol. 1, 1965 - Vol. 7, 1970 (Tübingen: Mohr; New York: Harper & Row).

Festschrift für Ernst Fuchs, hg, v. Gerhard Ebeling, Eberhard Jüngel und Gerd Schunack, Tübingen: Mohr 1973.

Zeitschrift für Theologie und Kirche, ab 75. Jahrgang, 1978 (Tübingen:

Mohr).

Friedrich Daniel Ernst Schleiermacher, Kritische Gesamtausgabe, hg. v. Hans-Joachim Birkner, Gerhard Ebeling, Hermann Fischer, Heinz Kimmerle, Kurt-Victor Selge. Bisher erschienen: Abteilung I Band 7 Teilband 1 und 2, 1980 (Berlin-New York: de Gruyter).

Archiv zur Weimarer Ausgabe der Werke Martin Luthers. Texte und Untersuchungen, hg. v. Gerhard Ebeling, Bernd Moeller und Heiko A. Oberman. Bisher erschienen: Band 2, 1981 (Köln-Wien: Böhlau).

Anhang

Bei Gerhard Ebeling geschriebene und von ihm gutachtlich betreute theologische Dissertationen

1. Werner Jetter, Studien zur Geschichte der kirchlichen Tauflehre von Augustin bis zum jungen Luther, Tübingen 1952.
2. Klaus-Dietwardt Buchholtz, Die Stellung der Theologie im Lebenswerk Isaac Newtons, Tübingen 1955.
3. Reinhold Pietz, Der Mensch ohne Christus. Eine Untersuchung zur Anthropologie Caspar Schwenckfelds, Tübingen 1956.
4. Martin Widmann, Der Begriff oikonomia im Werk des Irenäus und seine Vorgeschichte, Tübingen 1956.
5. Wilfrid Werbeck, Jacobus Perez von Valencia. Untersuchungen zu seinem Psalmenkommentar, Zürich 1958.
6. Siegfried Raeder, Das Hebräische bei Luther, untersucht bis zum Ende der ersten Psalmenvorlesung. Eine philologisch-theologische Studie, Zürich 1958.
7. Rolf Schäfer, Christologie und Sittlichkeit in Melanchthons frühen Loci, Zürich 1959.

8. Johannes Wallmann, Der Theologiebegriff bei Johann Gerhard und Georg Calixt, Zürich 1960.
9. Gerhard Krause, Studien zu Luthers Auslegung der Kleinen Propheten, Zürich 1960.
10. Thomas Bonhoeffer, Die Gotteslehre des Thomas von Aquin als Sprachproblem, Zürich 1961,
11. Dietz Lange, Christlicher Glaube und soziale Probleme. Eine Darstellung der Theologie Reinhold Niebuhrs, Zürich 1962.
12. Günther Metzger, Gelebter Glaube. Zum Begriff des Affektes in Luthers erster Psalmenvorlesung, Zürich 1962.
13. Friedrich Hertel, Das theologische Denken F. D. E. Schleiermachers untersucht an der ersten Auflage seiner Reden Über die Religion, Zürich 1963.
14. Alfred Schindler, Wort und Analogie in Augustins De trinitate, Zürich 1963.
15. Hans Vorster, Das freiheitsverständnis bei Thomas von Aquin und Martin Luther, Zürich 1963.
16. Jürgen Hübner, Die Theologie und die biologische Entwicklungslehre. Eine Problemskizze als Beitrag zum Gespräch zwischen Theologie und Naturwissenschaft, Zürich 1965.
17. Akira Takamori, Typologische Auslegung des Alten Testaments? Eine wortgeschichtliche Untersuchung, Zürich 1966.
18. Karl-Wilhelm Thyssen, Der Weg der Theologie Friedrich Gogartens von den Anfängen bis zum Zweiten Weltkrieg, Zürich 1969.
19. Dietrich Kerlen, Assertio. Martin Luthers Anspruch (die Entwicklung von 1517-1525) und der Streit mit Erasmus von Rotterdam um die rechte theologische Redeweise, Zürich 1969.
20. Karl-Heinz zur Mühlen, Nos extra nos. Eine begriffsgeschichtliche Studie zu Luthers Theologie, Zürich 1969.
21. Hans Christian Knuth, Zur Auslegungsgeschichte von Psalm 6, Zürich 1969.

22. Erich Schneider, Die Reaktion der Theologie des 19. Jahrhunderts auf Feuerbachs Religionskritik, Zürich 1970.
23. Thomas Ulrich, Ontologie, Theologie, gesellschaftliche Praxis. Studien zum religiösen Sozialismus Paul Tillichs und Carl Mennickes, Zürich 1970.
24. Ulrich Köpf, Die Anfänge der theologischen Wissenschaftstheorie im 13. Jahrhundert, Zürich 1972.
25. Günter Bader, Mitteilung göttlichen Geistes als Aporie der Religionslehre Johann Gottlieb Fichtes (1792-1807), Zürich 1973.
26. Volker Weymann, Glaube als Lebensvollzug und der Lebensbezug des Denkens. Eine Untersuchung zur Glaubenslehre Friedrirh Schleiermachers, Zürich 1974.
27. Edgar Thaidigsmann, Falsche Versöhnung, Religion und Ideologiekritik beim jungen Marx. Vorarbeit zu einer ideologiekritischen Hermeneutik des Evangeliums, Zürich 1974.
28. William James Stuart, Theology and Experience. A Reappraisal of John Wesley's Theology, Zürich 1974.
29. Walter Mostert, Sinn odor Gewißheit? Versuche zu einer theologischen Kritik des dogmatischen Denkens, Zürich 1974.
30. Irmgard Kindt, Der Gedanke der Einheit. Eine Untersuchung zur Theologie Adolf Schlatters und ihren historischen Voraussetzungen, Zürich 1977.
31. Pierre Bühler, Kreuz und Eschatologie. Eine Auseinandersetzung mit der politischen Theologie, im Anschluß an Luthers theologia crucis, Zürich 1979.

현대 신학자 평전 10
# 훅스 & 에벨링

| 펴낸날 | 초판 1쇄 2006년 5월 8일 |
|---|---|
| | 초판 2쇄 2010년 5월 1일 |

지은이 **소기천**
펴낸이 **심만수**
펴낸곳 **(주)살림출판사**
출판등록 1989년 11월 1일 제9-210호

경기도 파주시 교하읍 문발리 파주출판도시 522-1
전화 031)955-1350  팩스 031)955-1355
기획·편집 031)955-4675
http://www.sallimbooks.com
book@sallimbooks.com

ISBN  89-522-0167-1  04230(세트)
      89-522-0498-0  04230

※ 값은 뒤표지에 있습니다.
※ 잘못 만들어진 책은 구입하신 서점에서 바꾸어 드립니다.